Beltz Taschenbuch 807

W0040525

Über dieses Buch:
Die Aufmerksamkeitsdefizit-/Hyperaktivitätsstörung AD/HS, die in Deutschland zurzeit meistens als ADS (für Aufmerksamkeitsdefizit-Syndrom) bezeichnet wird, ist die häufigste psychische Störung, unter der Kinder leiden, rund sechs bis acht Prozent der Jungen und drei bis vier Prozent der Mädchen. Die Symptomatik beeinflusst die Entwicklung der Kinder, ihr Familienleben, ihr Verhalten und ihre Leistungen in der Schule, kurzum ihre sämtlichen sozialen Beziehungen.

Henryk Holowenko stellt in diesem Buch das Ergebnis einer langfristigen Untersuchung mit Kindern vor, die unter AD/HS leiden, und stellt Richtlinien aus *pädagogischer, psychologischer und medizinischer Sicht* für den Umgang mit ihnen vor. Ob zu Hause, in der Schule, in der psychologischen Therapie oder in der Arztpraxis – ihm und seiner Arbeitsgruppe, die sich aus Lehrern, Psychologen und Ärzten zusammensetzt, geht es vor allem darum, mit diesem Buch *praktische Hilfestellung* zu leisten.

Dabei geht der Autor auch ausführlich auf das Pro und Contra medikamentöser Therapie ein, die nach seiner Ansicht keinesfalls isoliert in Betracht zu ziehen ist und strengster Überprüfung von Seiten aller am therapeutischen Prozess des Kindes Beteiligter unterliegen sollte. Entsprechende Diagnose- und Fragebogen stellt der Autor in einem Anhang ebenfalls vor.

Der Autor:
Henryk Holowenko leitete eine Arbeitsgruppe, in der sich Lehrer, Psychologen und Ärzte ausführlich mit allen Aspekten des Aufmerksamkeitsdefizit-Syndroms beschäftigten. Er selbst führte eine Reihe von interdisziplinären Studien mit betroffenen Kindern durch und arbeitet als Schulpsychologe in Devon, England.

Henryk Holowenko

Das Aufmerksamkeitsdefizit-Syndrom (ADS)

Wie Zappelkindern geholfen werden kann

Aus dem Englischen
von Miriam Magall

Titel der englischen Originalausgabe:
Henryk Holowenko: Attention Deficit/Hyperactivity
Disorder. A Multidisciplinary Approach

Alle Rechte, insbesondere das Recht der Vervielfältigung
und Verbreitung sowie der Übersetzung, vorbehalten.
Kein Teil des Werkes darf in irgendeiner Form (durch Photokopie, Mikrofilm
oder ein anderes Verfahren) ohne schriftliche Genehmigung
des Verlages reproduziert oder unter Verwendung elektronischer
Systeme verarbeitet, vervielfältigt oder verbreitet werden.

Besuchen Sie uns im Internet:
www.beltz.de

Beltz Taschenbuch 807

5 6 7 8 9 10   07 06 05 04 03 02

© Original Edition Henryk Holowenko, 1999
First published by Jessica Kingsley Publishers, represented by
Cathy Miller Foreign Rights Agency, London, England.
© der deutschsprachigen Ausgabe:
1999 Beltz Verlag, Weinheim und Basel
Umschlagbild: Jutta Bauer, Hamburg
Umschlaggestaltung: Federico Luci, Köln
Redaktion: Claus Koch
Satz: Mediapartner Satz und Repro GmbH, Hemsbach
Druck und Bindung: Druckhaus Beltz, Hemsbach
Printed in Germany

ISBN 3 407 22807 4

Es gibt zum Beispiel einen normalen Charaktertypus,
bei dem die Impulse anscheinend so schnell
in Bewegungen umgesetzt werden, dass kein Platz
für Hemmungen dazwischen ist. Dieses sind die
»waghalsigen« und die »sprunghaften« Temperamente, die
vor Lebhaftigkeit überfließen und im Gespräch sprühen ...

William James (1890, S. 800): Principles of Psychology

Inhalt

Vorwort und Dank

Dieses Buch entstand in England zwischen Dezember 1996 und Juni 1997. Wissenschaftler aus verschiedenen Disziplinen berieten sich in einer Arbeitsgruppe zusammen mit Leuten aus der Praxis über die »Aufmerksamkeitsdefizit-/Hyperaktivitätsstörung« (AD/HS) und ihre Behandlung. Seither wurde das Buch auf den neuesten Stand gebracht, um den Ansprüchen des gegenwärtigen Forschungsstands und der gegenwärtigen Praxis gerecht zu werden. Auf diese Weise spiegelt das Buch einen möglichst breiten Konsens der unterschiedlichen Standpunkte wieder, wie sie innerhalb der Arbeitsgruppe vertreten wurden, aber auch in der gegenwärtigen Literatur und von Praktikern immer wieder eingenommen werden. Die interdisziplinäre Zusammensetzung der Gruppe bringt außerdem zum Ausdruck, dass bei Beurteilung, Diagnose und Behandlung von AD/HS Eltern, Lehrer, Psychologen und Ärzte unbedingt gemeinsam einzubeziehen sind, um eine vielschichtige Zusammenarbeit zu erleichtern. Im Einzelnen gehörten der oben genannten Arbeitsgruppe an:

Henryk Holowenko *(Vorsitzender) Schulpsychologe, East Devon*	Wolfgang Hug *Schulpädagoge, Devon*
Dr. Tony Cronin *Kinderfacharzt, West Devon*	Dr. Yvette Parker *Kinderpsychiaterin, East Devon*

Mollie Curry
Beratungslehrerin, Behaviour
Support Team, East Devon

Dr. Rosemary Evans
Kinderfachärztin der Gemein-
de, West Devon

Ken Fuller
Schulpsychologe, North Devon

Richard Haydon
Stellvertretender Schulrat,
North Devon

Jackie Pile
AD/HS-Spezialist,
South Devon

Andy Simpson
Beratungslehrer, Behaviour
Support Team, South Devon

Belinda Woodthorpe
Schulpsychologin,
West Devon

Dr. Rini Hoogkamer
(kooptiert)
Facharzt für Kinder-
psychiatrie, East Devon

Besonderer Dank gilt Nick Knapmann (Stellvertreter des Chefpsychologen), Professor Martin Herbert (klinischer Psychologe), Jenny Wookey (klinische Psychologin) und Geoffrey Kewley (Kinderfacharzt) für ihre wertvollen Vorschläge und Beiträge.

Einleitung

Die häufigste Ursache für die Überweisung eines Kindes an einen Psychiater oder Psychologen ist in den USA schon seit längerer Zeit die so genannte »Aufmerksamkeitsdefizit-/Hyperaktivitätsstörung« (AD/HS). Auch in Großbritannien, Deutschland und anderen Ländern ist diese Störung zunehmend Gegenstand wissenschaftlicher Untersuchungen und darüber hinaus Gegenstand öffentlicher Debatten und nicht geringer Kontroversen. (Zum Beispiel in DER SPIEGEL 52/1998 »Ständig unter Strom – Kann die Psychopille Ritalin überdrehten Kindern und ihren geplagten Eltern helfen?« oder »Problemfall Zappelkind – Wo die Schulmedizin bei Verhaltensstörungen nicht hilft, suchen Eltern immer öfter das Heil in Bachblütentropfen und anderen alternativen Methoden« in DIE ZEIT, 7/1999.)

Nach konservativen Schätzungen tritt AD/HS, Hyperaktivität oder ADS, wie die Störung in Deutschland zunehmend auch in der Öffentlichkeit als Kürzel für »Aufmerksamkeitsdefizit-Syndrom« genannt wird, bei drei bis sechs Prozent aller Kinder in verschiedenen Kulturen und geographischen Regionen auf. Dabei sind Jungen in einem Verhältnis von ungefähr 3:1 überdurchschnittlich häufig vertreten; AD/HS umfasst die gesamte Lebensspanne, allerdings äußert sich die Störung je nach Alter und Geschlecht immer wieder anders (Tannock 1998). Die berichtete Häufigkeit des Auftretens schwankt ganz gewaltig, wobei bei neun Prozent aller ameri-

13

kanischen Kinder AD/HS diagnostiziert wird, verglichen mit nur einem von 1500 Kindern in Großbritannien (Hinshaw 1994; Prendergast et al. 1988; Schachar 1991; Taylor 1994a; Taylor et al. 1991). Nach Ansicht von Kewley (1998) wird der Zustand in Großbritannien zu selten diagnostiziert und ungenügend behandelt, und er führt Daten an, die belegen, dass ca. 0,03 Prozent der Schulkinder in Großbritannien mit Psychostimulanzien behandelt werden, verglichen mit einem Prozent in Australien und drei Prozent in den USA. Auch in Deutschland wird das Medikament – im Gegensatz zu den USA – eher zurückhaltend verschrieben, zumal es unter das Betäubungsmittelgesetz fällt. Diese Diskrepanz ist zum Teil auf unterschiedliche Kriterien zurückzuführen, mit denen diese Art von Störung in den verschiedenen Ländern diagnostiziert wird, hängt sicherlich aber auch mit der öffentlichen Debatte über den Sinn und Nutzen eines »medikamentösen Eingriffs« ab.

Da aber auch in Deutschland immer mehr Kinder dahingehend diagnostiziert werden, unter AD/HS oder ADS zu leiden, wird es für Eltern, Lehrer, Psychologen, Ärzte und andere Berufsgruppen, die mit diesen Kindern arbeiten, zusehends wichtig, sich mit der Symptomatik dieses Zustands vertraut zu machen. Darüber hinaus sollten Beurteilung, Diagnose und entsprechende Intervention und Behandlung vielschichtig erfolgen, und zwar im Rahmen eines Prozesses, bei dem Eltern, Lehrer, Psychologen und Ärzte Hand in Hand arbeiten. Sind die Beziehungen, die den Kern von Beurteilung und Intervention bilden, angespannt, feindselig oder nur unzureichend abgesichert, wird der gesamte diagnostische und therapeutische Prozess darunter leiden – ebenso wie die Bedürfnisse des Kindes.

Dieses Buch soll Eltern, Lehrern, Psychologen, Ärzten und allen Berufsgruppen, die mit den in Frage kommenden Kindern arbeiten oder zu tun haben, die Richtung angeben, wie sie bei der Beurteilung, Diagnose und Behandlung und im Umgang mit den entsprechenden Kindern am besten vorgehen. Die vorgestellten Richtlinien betonen, wie wichtig eine Zusammenarbeit zwischen allen Beteiligten ist. Sie sind jedoch nicht als abschließende Beschreibung eines noch in der Entwicklung begriffenen und für einige noch sehr strittigen Konzeptes zu begreifen.

Wir haben uns in der deutschsprachigen Ausgabe des vorliegenden Buches dafür entschieden, die wissenschaftliche Bezeichnung AD/HS für »Aufmerksamkeitsdefizit-/Hyperaktivitätsstörung« beizubehalten. AD/HS bezeichnet dasselbe Syndrom, das unter dem »gängigen« Kürzel »ADS« als Aufmerksamkeitsdefizit-Störung verstanden wird und das dem Buch deshalb auch seinen Titel gab.

Ausführlichere Beschreibungen, Diskussionen und Ratgeber sind in der Literaturliste am Ende dieses Buches zu finden.

1 Die Aufmerksamkeitsdefizit-/ Hyperaktivitätsstörung (AD/HS)

Hintergrund

Außer der internationalen, wissenschaftlichen Bezeichnung »Attention Deficit/Hyperactivity Disorder (AD/HS)« ist die genannte Störung keineswegs neu. Wie schon das Zitat am Anfang belegt, hat sich William James, von vielen als der Vater der modernen Psychologie betrachtet, schon vor 100 Jahren in seinen *Principles of Psychology* auf die Symptome bezogen, die bei uns zurzeit unter der Bezeichnung ADS von den meisten zusammengefasst werden.

Als der britische Kinderarzt George Still 1902 einen Bericht über 20 von ihm behandelte Kinder veröffentlichte, die er »leidenschaftlich«, »trotzig« und »boshaft« nannte und denen jeder »hemmende Wille« fehlen würde, soll ADS auch in Ärzteberichte Eingang gefunden haben. Damals vertrat Still die für seine Zeit radikale Auffassung, dass nicht schlechte Erziehung für diesen Zustand verantwortlich sei, sondern eine leichte Hirnverletzung. Diese Theorie wurde nach der Virusenzephalitis in den Jahren 1917–18 bereitwilliger akzeptiert, als Ärzte beobachteten, dass einige Kinder nach der Infektion Aufmerksamkeits- und Gedächtnisstörungen aufwiesen und ihre Impulse schlecht steuern konnten. In den 40er- und 50er-Jahren und nach Studien von Soldaten, die im Zweiten Weltkrieg Kopfverletzungen erlitten hatten, wurde dieselbe Konstellation von Symptomen als minimaler Hirnschaden (und später als minimale Hirndysfunktion, MCD) bezeichnet.

Bereits 1937 berichtete der amerikanische Kinderarzt Brad-
ley, dass die Verabreichung von Stimulanzien bei Kindern
mit diesen Symptomen die unerwartete Wirkung zeige, sie
zu beruhigen. Mitte der 70er-Jahre wurde Methylphenidat
(Ritalin) bei der damals so genannten Aufmerksamkeitsdefi-
zitstörung (ADS), dem später wissenschaftlich als Aufmerk-
samkeitsdefizit-/Hyperaktivitätsstörung (AD/HS) bezeichne-
ten Zustand, als häufigstes Medikament verabreicht.

Das Diagnoseetikett hat, wie schon gesagt, verschiedene Kürzel
hervorgerufen und dürfte sich noch zu unseren Lebzeiten wieder
ändern.

Einige vertreten zum Beispiel die Ansicht, der Zustand solle
als Verhaltenshemmungsstörung (VHS) bezeichnet werden,
weil fehlendes Steuern von Hemmungen anscheinend den
Kern des Problems bildet (Barkley 1996). Man sollte sich immer vor Augen halten, dass das jeweilige Etikett den Konsens
einer Arbeitsgruppe von Wissenschaftlern widerspiegelt, in
unserem Fall den der *American Psychiatric Association* im
DSM-IV (Diagnostisches und Statistisches Manual Psychischer Störungen), und darüber hinaus seine Festlegung (ge-
sundheits-)politischen Vorstellungen und Interessen unterliegt.

Die Verhaltensmuster selbst sind dagegen sehr real und haben
Kinder in allen Kulturen in der gesamten Geschichte betroffen –
Kinder und Jugendliche, aber auch Erwachsene jeden Alters.

Definition: Was ist AD/HS?

Die Aufmerksamkeitsdefizit-/Hyperaktivitätsstörung (AD/HS) ist eine *Verhaltens*diagnose für einen medizinischen Zustand, der eine gemischte Gruppe von störenden Verhaltensmustern beschreibt. Diese Verhaltensmuster haben viele Ursachen und Wirkungen, ihre Merkmale gehen nahtlos in normales Verhalten über. AD/HS heißt die ärztliche Diagnose, wenn diese Verhaltensmuster Schwierigkeiten für das Kind in den folgenden Bereichen mit sich bringen:

- Entwicklung,
- Verhalten und Leistung,
- Familienbeziehungen,
- soziale Interaktion.

Für AD/HS sind vor allem drei Merkmale typisch:

Unaufmerksamkeit, eine beinahe waghalsige Impulsivität und in einigen, aber nicht allen Fällen eine Hyperaktivität, die sich zum Beispiel durch Wackeln mit den Knien und Trommeln mit den Füßen zeigt. (Ohne Hyperaktivität heißt die Störung AD/HS vom Typus Unaufmerksamkeit oder auch »ADS ohne Hyperaktivität«.)

Kinder, die unter AD/HS leiden, haben Mühe, aufmerksam zu sein, still zu sitzen, ihre Gefühle zu steuern und erst zu denken, bevor sie etwas sagen. Sie sind zum Teil furchtlos und verletzen sich schnell und oft; warten ungern, bis sie an der Reihe sind; platzen in der Klasse mit ihrer Antwort heraus; halten sich selten an Regeln; und es fällt ihnen schwer, bei einer Sache zu bleiben. Wegen ihres impulsiven und oft unaufmerksamen Verhaltens sind sie darüber hinaus oft sozial gefährdet und haben Mühe, Beziehungen anzuknüpfen.

In diesem Zusammenhang sollte bedacht werden, dass es sich bei diesen Verhaltensmustern möglicherweise nur um eine Übertreibung von altersgerechtem Verhalten handelt. In verschiedenen Etappen ihrer Entwicklung haben praktisch alle Kinder einige Probleme und handeln impulsiv oder haben Mühe, aufmerksam zu sein, oder es fällt ihnen einfach nur schwer, still zu sitzen. Aber ein gehäuftes Auftreten all dieser Probleme zusammen, die Intensität ihres Auftretens und wie sie während der Entwicklung eines Kindes existent bleiben, entscheiden wesentlich darüber, ob ein Kindheitssyndrom als AD/HS identifiziert wird. Im Übrigen können AD/HS-Symptome auch die Folge von anderen auslösenden Faktoren sein, zum Beispiel Frustration über zu schwere Hausaufgaben, fehlende Motivation, emotionale Probleme oder auch Folge von körperlichen Erkrankungen. Es geht bei dieser Erscheinung nicht um alles oder nichts. Für eine sorgfältige Diagnose müssen alle anderen Erklärungen der Symptome ausgeschlossen werden.

> Ziel ist es nicht, einfach eine Diagnose auf AD/HS zu stellen, sondern einen Plan zum Eingreifen aufzustellen, der Aussichten auf Erfolg hat und auf gesammelten Informationen beruht.

Bei einigen Kindern mit schweren Symptomen trägt eine medikamentöse Behandlung entscheidend dazu bei, dass sie in der Schule überhaupt funktionsfähig sind. Gleichzeitig sollte jedoch auch begriffen werden, dass Tabletten kein Ersatz für Fähigkeiten sind und dass das Lehren von Strategien, um soziale und Verhaltensprobleme, die diese Kinder häufig aufweisen, in den Griff zu bekommen, sehr wesentlich ist. Inwieweit AD/HS eine Behinderung darstellt, hängt nicht nur von der Schwere der Symptome ab, sondern auch von der Umwelt. Die richtige Schule und das Elternhaus machen oft den entscheidenden Unterschied aus.

Ursachen/Ätiologie

Es gibt keine schlüssigen Forschungsergebnisse über die Ursachen von AD/HS. Dennoch besteht wachsender Konsens darüber, dass vermutlich irgendwie geartete neurologische und/oder biochemische Prozesse daran beteiligt sind. Neurotransmitter wie Dopamin, Serotonin und Noradrenalin wurden alle als wesentliche Komponenten für gelungene Aufmerksamkeitsfähigkeit und Steuerung von Impulsen in Betracht gezogen. Computertomographische Techniken weisen auf eine neuronale Dysfunktion bei Kindern mit AD/HS hin (Castellanos et al. 1996; Giedd et al. 1966; Hauser et al. 1993; Zametkin et al. 1990).

Zunehmend starke Belege legen überdies nahe, dass diese neuronale Dysfunktion, wie sie bei AD/HS zu sehen ist, auf einer genetischen Grundlage beruht. Studien von Zwillingen zeigen, dass für rund die Hälfte der Abweichungen beim Messen von Hyperaktivität und Unaufmerksamkeit genetische Faktoren zuständig sind (van der Oord, Boomsma und Verhulst 1994; Goodman und Stevenson 1989; Sherman, McGue und Iacono 1997).

Andere Hypothesen, die diese Abweichungen, im Funktionieren des Gehirns erklären sollen, reichen von ererbten genetischen Merkmalen über individuelle Abweichungen, von normalen Variationen, verzögerter neurologischer Reife, pränatalem und postnatalem Insult, den Auswirkungen von Bleivergiftung und medikamentöser Behandlung bis zu Umweltfaktoren wie zeitgenössischer Kultur oder Interaktionsmustern zwischen Eltern und Kind (British Psychological Society 1996).

Im Gegensatz zu den schwachen Beweisen für Einflüsse aus der Umwelt als die *Ursache* von AD/HS deutet alles zunehmend auf den wachsenden Einfluss von Umweltfaktoren auf *Verlauf* und *Endergebnis* von AD/HS hin (Kendall und Braswell 1985; Sonuga-Barke und Goldfoot 1995; Taylor und Dowdney 1998; van der Oord und Rowe 1997).

Wichtiger als alles andere ist die Erkenntnis, dass biologische Faktoren Kinder lediglich zu gewissen Verhaltensweisen prädisponieren und dass Biologie in dieser Hinsicht nicht gleich Schicksal ist. Wesentlich für den Umgang mit AD/HS ist, die Fähigkeiten des Kindes in einem breiteren Zusammenhang zu sehen und zu prüfen, wie sie zu den Anforderungen passen, die an diese Fähigkeiten gestellt werden. Ob die Probleme eines Kindes überhaupt auf eine Störung hinweisen, hängt ganz von diesem Zusammenhang ab, weiter von den Anforderungen an das Kind, seinen sonstigen Stärken ebenso wie von seinen Empfindsamkeiten, und von der ihm gewährten Unterstützung.

Die verfügbaren Daten lassen darauf schließen, dass hinsichtlich der Ätiologie über eindimensionale Konzepte, was die Ursache von AD/HS betrifft, hinauszugehen ist. Zahlreichen Forschern zufolge tragen sowohl individuelle Unterschiede in der organischen und psychologischen Struktur des Kindes ebenso wie individuelle Unterschiede in der Familie und dem sozialen Umfeld dazu bei, ob bei einem Kind AD/HS festgestellt wird oder nicht. Dieses multidimensionale, dialektische Modell verweist auf komplizierte Interaktionen zwischen dem Umfeld des Kindes und seinem körperlichen und psychischen Zustand.

Gleichzeitiges Auftreten von Symptomen (Komorbidität)

Die Diagnose AD/HS bedeutet häufig auch, dass mehrere Symptome gleichzeitig vorliegen, eine als *Komorbidität* bekannte Erscheinung. Insbesondere Kinder mit AD/HS haben häufig noch weitere Probleme in den Bereichen Gesundheit, Entwicklung, Verhalten, Sozialisation, Gefühlsleben und in der Schule.

Bei Kindern mit AD/HS treten vermutlich auch häufiger als bei anderen spezifische Lernschwierigkeiten auf, zum Beispiel Ungeschicklichkeit und Störungen beim Sprechen und Sich-Ausdrücken (Barkley 1955a, 1998; du Paul und Stoner 1994; Tannock 1998). Zwischen 20 und 40 Prozent der Kinder mit AD/HS haben mindestens mit einer Lernart Mühe, sei es Lesen, Schreiben oder Rechnen. Richards (1995) zitiert amerikanische Schätzungen, denen zufolge 33 Prozent der Kinder mit AD/HS anscheinend Probleme mit dem Lesen haben.

In einigen Studien wurde festgestellt, dass Kinder mit AD/HS zu einem nicht besonders großen, aber doch bedeutsamen Grad hinter der allgemeinen geistigen bzw. intellektuellen Entwicklung gegenüber Kindern ohne AD/HS zurückstehen (Hinshaw 1992; Palkes und Stewart 1972; Sonuga-Barke et al. 1994). Möglicherweise spiegeln die Differenzen eher Probleme von Kindern mit AD/HS bei einem Test und nicht so sehr von angeborener Intelligenz wider. Bei Kindern mit AD/HS dürfte das ganze Spektrum normaler intellektueller Entwicklung auftreten (Barkley 1995a).

Oft werden Kinder mit AD/HS als sozial unreif und unfähig beschrieben. Sie haben Mühe, sich einer bereits stattfindenden Aktivität oder Unterhaltung anzuschließen. Sie wissen nicht, wie man sich abwechselt. Soziometrische und Spielstudien lassen darauf schließen, dass Kinder mit AD/HS von Gleichaltrigen nicht besonders oft als Freunde oder Partner für ihre Aktivitäten gewählt werden (Pelham und Milich 1984). Möglicherweise leiden sie wegen der immer wieder erfahrenen negativen Rückmeldung an einem niedrigen Selbstwertgefühl (Barkely 1995).

Kinder mit AD/HS haben anscheinend mehr Probleme mit ihrer allgemeinen Gesundheit, und bei ihnen treten vermehrt Bettnässen und Schlafbeschwerden auf. Einigen Studien zufolge sind Kinder mit AD/HS stärker für Unfälle anfällig (Barkley 1998).

AD/HS tritt häufig in Verbindung mit anderen emotionalen und Verhaltensstörungen auf. Bis zu 45 Prozent der Kinder mit AD/HS leiden unter mindestens einer weiteren psychiatrischen Störung (Barkley 1995a). Bei ihnen besteht die Gefahr, dass sie oppositionelle, trotzige und andere Verhaltensstörungen entwickeln; dadurch wird es schwierig, im allgemeinen Bildungssystem auf ihre besonderen Bedürfnisse einzugehen. Erzieher und Lehrer sollten sich bewusst sein, dass dieser Verlauf sich vermeiden lässt, wenn AD/HS behandelt wird, bevor sich bei dem Kind ernsthafte soziale, emotionale, schulische und Verhaltensprobleme herausbilden.

Warum die Schwierigkeiten mit einer Diagnose auf AD/HS?

Fachleute müssen sich der Tatsache bewusst sein, dass Symptome wie Unaufmerksamkeit und Impulsivität Begleiterscheinungen einer ganzen Reihe von Problemen in der Kindheit sind. Schon Goldstein (1997) hat darauf verwiesen, dass Unaufmerksamkeit das häufigste Symptom im DSM-IV (Diagnostisches und statistisches Handbuch psychischer Störungen) erwähnter Störungen darstellt. Deshalb kommt es für den Kliniker darauf an, eine differenzierende Diagnose zu stellen. Gemeint damit ist das Vorherrschen einer Störung oder eines Syndroms in solchen Fällen, in denen mehrere Störungen gemeinsam auftreten. Ruft zum Beispiel ein Problem, das nichts mit AD/HS zu tun hat, bei einem Kind ähnliches Verhalten wie bei einem Kind mit AD/HS hervor? Existieren ein oder mehrere Probleme unabhängig voneinander,

die sich zusammen jedoch nachträglich auf ein drittes auswirken (zum Beispiel AD/HS und Lesestörungen/spezifische
Lernschwierigkeiten)? Verursacht AD/HS ein sekundäres Problem, das dann seinerseits nachträglich auf die durch AD/HS
hervorgerufenen Schwierigkeiten wirkt (zum Beispiel Angstzustände)? Manchmal kann man nur mit Mühe entscheiden,
ob ein Problem wie Angstzustände die Ursache oder die Wirkung von Schwierigkeiten mit AD/HS ist.

AD/HS ist eine *medizinische* Diagnose. Aber gegenwärtig ist es
durch keinen medizinischen Test nachzuweisen. Um eine
Diagnose zu erhalten, muss man aufgrund von Verhaltens-
symptomen auf einen medizinischen Zustand schließen. Bei
Verhaltensäußerungen werden allerdings viele unterschiedliche Ebenen aktiviert, und sie unterliegen zahlreichen Ein-
flüssen; dazu gehören Umwelt und kognitive Prozesse ebenso wie rein biologische Prozesse. Darin liegt das Problem.
Man muss gegenüber der Gefahr auf der Hut sein, dass man
ein Symptom auf der Verhaltensebene irrtümlich für das
durch Schlussfolgerungen erhaltene darunter liegende Merk-
mal oder die (Un-)Fähigkeit auf biologischer oder kognitiver
Ebene hält. Ein Symptom ist nur ein Wegweiser. Gehäufte
Muster und sorgsames Aussondern anderer Gründe, die die
Symptome erklären könnten, steigern die Wahrscheinlich-
keit einer exakten Diagnose.

In den meisten Fällen stellt AD/HS vermutlich nur das ext-
reme Ende der normalen Dimension eines Merkmals dar. Es
ergibt sich als ein Kontinuum wie Höhe oder Gewicht und
nicht als kategorischer Zustand wie Schwangerschaft. Es ist
schon problematisch, die Grenzen einer »klinisch signifikanten Zone« für AD/HS festzulegen. Das ist so, wie Barkley
(1997) meinte, als ob man versuche zu sagen, wann genau
der Tag endet und die Nacht beginnt. Das Festlegen einer De-
markationslinie anhand einer Größe ist notwendigerweise
etwas willkürlich und in den meisten Fällen das Resultat eines Konsenses der Meinungen statt ein echter, klarer »Tref-

fer«. Das soll nicht bedeuten, dass das Bestimmen einer solchen Zäsur nicht hilfreich ist – ganz im Gegenteil. Viele Beschlüsse in klinischen Fällen sind von ihrer Natur her *kategorisch* (medikamentöse Behandlung oder nicht). Nur dürfte diese Demarkation eher aufgrund sozialer und politischer Überlegungen entschieden werden anstelle von rein wissenschaftlichen.

Der Umfang, in dem AD/HS eine Behinderung ist, hängt – ebenso wie seine Entwicklung und sein Verlauf – nicht nur von der Schwere der Symptome ab, sondern auch von der Umwelt des Betroffenen. In diesem Sinn mag ein Kind zwar eine Störung aufweisen, es muss aber nicht unbedingt behindert sein, wenn sich die Umwelt den Bedürfnissen des Kindes anpasst.

Natürlich beziehen sich alle diese Fragen nicht ausschließlich auf AD/HS, sondern treffen auch auf Definition und Einstufung von anderen psychischen Störungen und Entwicklungsverläufen zu, die lediglich die äußersten Punkte auf der Linie der Normalität darstellen – zum Beispiel mittlere und schwere Lernschwierigkeiten, spezifische Lernschwierigkeiten, Depressionen, Angstzustände, das Tourette-Syndrom und durchgreifende Entwicklungsstörungen wie Autismus und das Asperger-Syndrom.

Die obigen Überlegungen fordern eine sorgfältige, umfassende Bewertung mit einer Analyse, die auf vielen verschiedenartigen Methoden beruht und ausschließende ebenso wie einschließende Kriterien für eine Diagnose umfasst. Dazu sollten Standarddaten aus unterschiedlichen Quellen neben einer detaillierten Anamnese von Entwicklung und Familienhintergrund gehören, die Beginn, Dauer und durchdringenden Charakter von Symptomen in unterschiedlichen Kontexten und Umfeldern dokumentieren.

Überblick über Symptomatik und Verlauf von AD/HS	
Primäre Symptome	• Unaufmerksamkeit • Impulsivität • Hyperaktivität
Sekundäre Symptome	• Verhaltensschwierigkeiten • schlechte schulische Leistungen oder Lernschwierigkeiten • schlechte Beziehungen zu Gleichaltrigen • niedriges Selbstwertgefühl
Kognitive Defizite	• Unfähigkeit zu anhaltender Aufmerksamkeit und zur Hemmung impulsiver Reaktionen auf Aufgaben oder in sozialen Situationen, bei denen konzentrierte, auf sich selbst gerichtete Denkanstrengung gefordert wird.
Häufigkeit	• Die Zahlen in den Berichten über das Auftreten weisen gewaltige Diskrepanzen auf; demnach werden ca. 0,03 Prozent der Schulkinder in Großbritannien mit Psychostimulanzien behandelt, verglichen mit einem Prozent in Australien und drei Prozent in den USA. Allerdings rührt die Verwirrung zum Teil von der Tatsache her, dass in den verschiedenen Ländern unterschiedliche diagnostische Kriterien für eine Definition der Störung gelten.

Entwicklungsverschiebungen bei den Symptomen

Frühe Kindheit	• Bei Kindern mit AD/HS zeigen sich möglicherweise schon pränatale und perinatale Schwierigkeiten. In der frühen Kindheit sind Schlafstörungen weit verbreitet und gehen häufig bis in die ersten Lebensmonate zurück. In der frühen Anamnese zeichnet sich oft ein unruhiges, reizbares, weinendes Kleinkind ab, das sich nur mit Mühe beruhigen und ebenso mühsam füttern lässt.
Vorschulalter	• Die Diagnose in dieser Altersgruppe ist wegen des breiten Spektrums normalen Verhaltens, das sich in diesem Zeitabschnitt zeigt, schwierig. Als Kleinkinder und Kinder im Vorschulalter erweisen sich diese Kinder jedoch als weitaus aktiver und forschungsfreudiger, als es für diese Entwicklungsstufe typisch ist. Es ist schwerer, sie zu steuern, und wegen ihrer Impulsivität legen sie vermutlich eher schwieriges Verhalten an den Tag.
Frühe Schulzeit	• Nach der Einschulung machen sich bei diesen Kindern Schwierigkeiten in Bezug auf Aufmerksamkeit und Konzentration bemerkbar. Es scheint ihnen schwer zu fallen, ihre Aufmerksamkeit und ihre Aktivitätsebene den Anforderungen des Umfelds anzupassen. Spezifische Lernschwierigkeiten fließen möglicherweise mit Schwierigkeiten im Umgang mit Gleichaltrigen zusammen, woraus ein niedriges Selbstwertgefühl resultiert.

Jugend-alter	• Bei Teenagern geht die Hyperaktivität möglicherweise zurück, wenngleich die Schwierigkeiten in Bezug auf Aufmerksamkeit, Impulsivität und Erregbarkeit anhalten dürften. Bei diesen Jugendlichen besteht die Gefahr, dass sich bei ihnen oppositionelle Verhaltensstörungen heranbilden, was es erschwert, ihren Bedürfnissen im Rahmen der allgemeinen Erziehung gerecht zu werden. Ohne eine Behandlung verschärfen sich möglicherweise die oben erwähnten sekundären Probleme.
Erwachse-nenalter	• Die Forschung legt nahe, dass die Schwierigkeiten in 60 Prozent der Fälle anhalten und dann mit anderen emotionalen und Verhaltensstörungen auftreten können.

Theorien über die Ursachen

Biologische	• Möglicherweise sind neurologische und/oder biochemische Prozesse beteiligt.
Bioum-welt	• Möglicherweise liegt eine Interaktion zwischen der Biologie eines Individuums und einem irgendwie gearteten Umweltauslöser vor.
Umwelt	• Ein dysfunktionales soziales Umfeld in Familie und Schule dürfte zu Unaufmerksamkeit und Überaktivität beitragen.

2 Überlegungen zu Diagnose und Beurteilung/Bewertung

Das vorherige Kapitel hat bereits einige Faktoren erwähnt, die eine Diagnose auf AD/HS erschweren. Aber welche Kriterien gelten für eine Diagnose auf AD/HS? Sie sind in Anhang A detailliert angeführt und werden im Folgenden umrissen. Damit AD/HS als vorhanden gilt, müssen die Symptome für AD/HS

⇨ vor dem Alter von 7 Jahren *eingesetzt* haben,
⇨ eine *Dauer von mindestens 6 Monaten* gehabt haben und
⇨ so *offensichtlich* sein, dass sie als *von der Entwicklung abweichend* erkennbar sind.

Weiterhin müssen klare Hinweise zeigen, dass diese Symptome in zwei oder mehr Bereichen, in denen sich das Individuum bewegt, funktionale Beeinträchtigungen bewirken. Über und jenseits dieser einschließenden Kriterien fordern die Richtlinien auch, dass gewisse Zustände *ausgeschlossen werden*, die das Vorhandensein derartiger Symptomatologie eigentlich besser erklären könnten. Insbesondere, dass sie nicht das ausschließliche Resultat von Störungen wie Autismus, Schizophrenie oder Psychosen sind, noch dass sie eher durch eine affektive Störung, eine Angststörung oder eine Persönlichkeitsstörung zu erklären wären.

Aufgrund dieser Kriterien können Kinder wie folgt diagnostiziert werden:

Aufmerksamkeitsdefizit-/ Hyperaktivitätsstörung, vorwiegend unaufmerksamer Typus:	• liegt vor, wenn das Kriterium unaufmerksam, nicht aber das Kriterium hyperaktiv und impulsiv erfüllt ist;
Aufmerksamkeitsdefizit-/ Hyperaktivitätsstörung, vorwiegend hyperaktiv-impulsiver Typus:	• liegt vor, wenn das Kriterium hyperaktiv und impulsiv, nicht aber das Kriterium unaufmerksam erfüllt ist;
Aufmerksamkeits-/Hyperaktivitätsstörung, Mischtypus:	• liegt vor, wenn beide Kriterien erfüllt sind.

Anmerkung: Als teilremittiert werden Personen spezifiziert (besonders Jugendliche und Erwachsene), deren Symptome nicht mehr alle Kriterien voll erfüllen.

Zur Beurteilung über das Vorhandensein von AD/HS werden mit Hilfe von Informanten aus verschiedenen sozialen Umfeldern auf unterschiedliche Weise Daten gesammelt. Dabei liegt der Nachdruck insbesondere auf dem Zusammentragen zuverlässiger Informationen über das Verhalten des Kindes von Eltern und Lehrern sowie auf der Beobachtung aus erster Hand. Es ist immer heikel, sich zu schnell für eine Diagnose auf AD/HS zu entscheiden, denn für eine sorgfältige Diagnose sind alle anderen Erklärungen für die Symptome auszuschließen. Ziel ist es, nicht einfach eine Diagnose auf AD/HS zu stellen, sondern auch einen Behandlungsplan aufzustellen, der Aussichten auf Erfolg hat und der auf der gesammelten Information beruht.

Ausschlaggebend für eine Beurteilung/Diagnose sollten folgende Komponenten sein:

- Gespräch mit den Eltern,
- psychologische und schulische Beurteilung,
- eine klinische und ärztliche Untersuchung.

Auch sollten Informationen in den folgenden Bereichen gesammelt werden, um eine Diagnosestellung auf AD/HS vorzunehmen:

- persönliche Entwicklungsgeschichte und Familienhintergrund,
- Verhalten in verschiedenen sozialen Bereichen,
- Prüfen der schulischen/vorschulischen Leistungen,
- individuelle psychologische Beurteilung und kognitives Profil,
- eine klinische und ärztliche Untersuchung.

Persönliche Entwicklungsgeschichte und Familienhintergrund

Die Gespräche mit den Eltern bilden hier die Grundlage für das Sammeln von Informationen. Eltern können die Entwicklung ihres Kindes aus einer einzigartigen Perspektive betrachten und wissen über die laufenden Anpassungen Bescheid, denn sie haben das Kind über eine Reihe von Jahren in ganz verschiedenen Situationen erlebt. Demzufolge sollten Informationen zusammengestellt werden, die detailliert Auskunft über den Familienhintergrund geben, in deren Mitte gewöhnlich die Beschreibung der Familienstruktur steht und wie sie funktioniert, weiter das Dokumentieren wichtiger Ereignisse in der Krankengeschichte des Kindes und seine Entwicklung im sozialen und schulischen Bereich. Problematisches Verhalten gilt als unangemessen, wenn es mit dem von Kindern desselben geistigen Alters verglichen und der häufig abrupte Wandel während des Reifeprozesses berücksichtigt wird. Lässt man Eltern über das Leben erzählen und nachdenken, bekommt man möglicherweise schon ein wichtiges therapeutisches Instrument für den Beurteilungsprozess in die Hand: Gleichzeitig erhalten sie Einblick in die Schwierigkeiten ihres Kindes und erfahren, welchen Beitrag sie beim Bewirken und Herbeiführen von Wandel leisten können.

Tests, Fragebögen und Skalen

Es muss klare Belege dafür geben, dass die Symptome funktionale Beeinträchtigungen in zwei oder mehr Bereichen bewirken – typischerweise im Elternhaus und in der Schule. Hier können Informationen mit Hilfe von Zeugnissen und Gesprächen sowie im direkten Beobachten des Kindes in allen Bereichen gesammelt werden.

Mit einer Einstufungsskala erhält man gültige und zuverlässige Daten aus diesen unterschiedlichen Bereichen. Die Einstufung durch Eltern und Lehrer kann anhand einer Reihe von Messstrichen verglichen werden. Dafür gibt es mehrere unterschiedliche Tabellen. Die Achenbach-Skala gilt generell als die beste, zuverlässigste psychometrische Checkliste, die zur Verfügung steht (Achenbach 1991). Sie berücksichtigt Alter und Geschlecht, und es gibt getrennte Fragebögen für Kind, Eltern und Lehrer. Auf einer Skala mit Syndromen, die acht Bereiche umfasst – einschließlich *Aufmerksamkeitsprobleme* –, liefert sie ein Profil, dessen Ausprägung der Computer erstellt und nach Prozenten und klinischen Bedeutsamkeitsebenen »interpretiert«. Es ist dann leicht, die Reaktionen zwischen den einzelnen Personen zu vergleichen. In der Forschungsliteratur hat man einen signifikanten Zusammenhang zwischen den Profilbildungen in dieser Tabelle und der Diagnose auf AD/HS gefunden (Biederman et al. 1993).

Weitere Skalen sind die revidierte Conners-Skala (Conners 1997); die ACTeRS, (Attention Comprehensive Teachers' Rating Scale = Skala zur Feststellung der Aufmerksamkeitsfähigkeit) (Ullman, Sleator und Sprague 1991), die revidierte Fassung der Fragebögen für Elternhaus und Schule von Barkley (Barkley 1991a) und die Brown-ADD-Skala (Brown 1997).

Ebenso kann man sich der systematischen Beobachtung im Klassenzimmer bedienen, um objektive Informationen über die Häufigkeit der verschiedenen Verhaltensmuster im Zusammenhang mit AD/HS bei verschiedenen Aufgaben und in unterschiedlichen Situationen zu erhalten. Hier sollte das Verhalten mit dem einer Kontrollperson, d.h. eines Gleichaltrigen des Kindes, verglichen werden. Auch dafür gibt es Fragebögen, die den Bedürfnissen des einzelnen Kindes und den Umständen angepasst werden können (siehe Croll 1986; Goldstein 1995).

Dabei ist zu berücksichtigen, dass alle diese Fragebögen und Skalen auf letztlich subjektiven Äußerungen beruhen, weshalb man sie mit größtmöglicher Sorgfalt interpretieren sollte. Hinzu kommt, dass die Fragebögen und Skalen zwar deutlich zwischen Kindern mit AD/HS und Kontrollpersonen unterscheiden, dagegen aber kaum zwischen AD/HS und anderen Defiziten, wie zum Beispiel Schwierigkeiten beim Sprechen oder mit der Sprache. Wesentliche Komponenten für jede Diagnose sind gute klinische Fähigkeiten im Gespräch und gute Urteilsfähigkeit, um zuverlässige Daten von den Befragten zu bekommen, die das Verhalten des Kindes in verschiedenen Bereichen und zu unterschiedlichen Zeiten beobachten.

Prüfen der schulischen Leistungen

Schulzeugnisse und Gespräche sollten überprüft werden, um Beginn und Verlauf von Schwierigkeiten im Zusammenhang mit AD/HS und die Reaktion auf Interventionen festzustellen. Zur Diagnose auf AD/HS sollte die Information die Leistung des Schülers im Klassenzimmer in Gegenwart und Vergangenheit umfassen, schulische Stärken und Schwächen sowie andere soziale und emotionale Verhaltensmerkmale. Die Anpassung des Schülers sollte sich auf Aspekte des Lehrplans beziehen, nach denen der Schüler lernt: also auf die Erwartungen des Lehrers an die Klasse und den einzelnen Schüler, verwendete Unterrichtsmethoden, auf Anreize, eine Arbeit zu Ende zu führen, und den Vergleich der Leistung mit anderen Schülern der Klasse.

Individuelle psychologische Beurteilung und kognitives Profil

Eine psychologische Beurteilung strebt im Wesentlichen die Schaffung eines Rahmens zum Lösen der Probleme an. Eine umfassende kognitive Beurteilung wird nicht unbedingt benötigt, wenn Daten aus der Beobachtung zusammen mit Belegen aus der Schule keine AD/HS-Symptome aufwiesen. Wo AD/HS-Symptome vorliegen, ist das Erstellen des kognitiven Profils nützlich, um die Fähigkeiten des Kindes in verschiedenen Bereichen des kognitiven Funktionierens festzustellen. Ein Psychologe führt psychologische und pädagogische Tests für die Bereiche Wahrnehmung, Erkennen und Sprachentwicklung ebenso wie Leistungstests und Tests zur sozialen/emotionalen Anpassung durch und interpretiert sie. Dabei berücksichtigt er ganz besonders die Aufmerksamkeitsspanne, die visuell-motorischen Fähigkeiten, das Gedächtnis, Impulsivität sowie planerische und organisatorische Fähigkeiten.

Die Resultate derartiger Tests liefern unter Umständen wichtige Hinweise darauf, ob die Schwierigkeiten eines Kindes mit AD/HS zusammenhängen oder mit anderen Lernproblemen bzw. emotionalen Anpassungsschwierigkeiten.

Auch können Tests auf kognitive Fähigkeiten durchgeführt werden, um zu beurteilen, ob das Kind unterfordert ist, bzw. um seinen Lernstil zu beobachten und um irgendwelche anderen Bereiche von Dysfunktion herauszufinden.

> Eine Diagnose auf AD/HS verlangt, dass das *Verhalten* des Kindes mit seinem kognitiven Alter oder seinem kognitiven Niveau nicht übereinstimmt (Barkley 1998; Braswell und Bloomquist 1991).

Wenn die Aufmerksamkeitsfähigkeit des Kindes eher der eines viel jüngeren Kindes entspricht, führt diese Beobachtung unter Umständen zu einer angemessenen Diagnose auf AD/HS, vorausgesetzt, die kognitiven Fähigkeiten des Kindes entsprechen seinem Alter oder greifen ihm sogar vor. Wenn die Leistung des Kindes dagegen darauf schließen lässt, dass es in allen Aspekten seines intellektuellen Funktionierens Verzögerungen aufweist, ist eine Diagnose auf AD/HS möglicherweise unangebracht, wenn die Aufmerksamkeitsfähigkeit des Kindes seinen anderen kognitiven Fähigkeiten entspricht.

Klinisches Profil und das Beobachten von Lernstil und Verhalten sind genauso relevant wie jede andere globale Einschätzung des intellektuellen Funktionierens. So neigen Kinder mit AD/HS typischerweise (aber nicht immer) bei Faktoren wie Aufmerksamkeitsfähigkeit und Verarbeitungsgeschwindigkeit auf *Wechslers Intelligenzskala für Kinder* zu niedriger Leistung (Kaufman 1994; Schwean und Saklofske

1998; Wechsler 1992). Gemäß der Forschungsliteratur schneiden AD/HS-Kinder bei Aufgaben, in denen automatisches oder relativ müheloses Vorgehen gefragt ist, interessanterweise kaum schlechter als Kontrollpersonen ab; bei Aufgaben, für die zunehmend mehr Organisation in Bezug auf Aufmerksamkeit und/oder Gedächtnis verlangt wurde, liegt die Leistung von AD/HS-Kindern sowohl unter der normaler Kontrollpersonen als auch solcher, die unter Lesestörungen leiden, aber nicht hyperaktiv sind (August 1987; Borcherding et al. 1988; Tant und Douglas 1982).

Der ursprünglich von Rosvold et al. (1956) geschaffene *Kontinuierliche Leistungstest (KLT)* prüft Aufmerksamkeit und Impulsivität; seine Computerversionen werden von vielen Klinikern als diagnostische Messlatte für AD/HS verwendet. Allerdings gehen die Meinungen darüber auseinander, ob dieses Instrument zuverlässig zwischen AD/HS und normalen Kontrollpersonen unterscheidet, da es auch anderen Variablen wie Aufgabenparametern, Auswahlkriterien sowie durch Situation und äußere Umstände bedingten Faktoren, die sich möglicherweise auf die Leistung auswirken, unterliegt (Corkum und Siegel 1993 und 1995; Koelega 1995).

Die American Academy of Child and Adolescent Psychiatry kam 1997 zu folgenden Schlussfolgerungen:

Durch Beobachten des Verhaltens von Kindern beim KLT wird zwischen AD/HS-Kindern und Kontrollpersonen ebenso gut oder noch besser unterschieden als durch die Leistung beim KLT selbst.

⇨ Es wurde keine Entsprechung zwischen impulsiven Fehlern beim KLT und Verhaltensimpulsivität festgestellt.

⇨ Wird der KLT verwendet, um die Wirksamkeit von Medikamenten zu beurteilen, konnte bisher noch nicht nachgewiesen werden, dass die Ergebnisse mit dem KLT in Bezug auf die natürliche Umwelt verallgemeinert werden können.

⇨ KLTs reagieren nicht immer empfindsam genug auf Anreize.

⇨ KLTs erweisen sich empfindlich gegenüber unterschiedlicher Testdarbietung und verfügen noch über keine standardisierten Auswertungsbögen.

Bisher haben weder Einzeltests noch Testreihen beim Diagnoseprozess ein annehmbares Maß an ökologischer Gültigkeit gezeigt (Barkley 1991b, 1995b, 1997, 1998; DuPaul und Stoner 1994; Tannock 1998; Taylor 1994a, 1994b). Kein spezifisches Intelligenztestprofil unterscheidet AD/HS-Kinder von normalen Kindern oder anderen Schülern mit Lernschwierigkeiten (Barkley, DuPaul und McMurray 1990; Barkley 1997). So gibt die mit dem Faktor Aufmerksamkeitsfähigkeit des WISC-III erzielte Leistung keine diagnostisch verlässlichen Hinweise auf AD/HS (Cohen, Becker und Campbell 1990). Demnach könnte eine schlechte Leistung bei diesem Faktor auf eine Vielzahl möglicher Ursachen einschließlich Prüfungsangst zurückgehen. Außerdem zeigen Kinder mit AD/HS unter den Testbedingungen, bei denen sie sich stark strukturierten Aufgaben und der Interaktion mit einem unbekannten Erwachsenen ausgesetzt sehen, ein angemessenes Niveau an Aufmerksamkeit und Verhaltenssteuerung. Dennoch helfen individuell durchgeführte Tests durchaus, ein klinisches und kognitives Profil zu erstellen, das sowohl eine Beurteilung als auch eine Behandlung erlaubt (Barkley 1998; Taylor 1994b). Mit der Beurteilung soll ja nicht nur eine Diagnose auf AD/HS gestellt, sondern auch ein Behandlungsplan erstellt werden, der auf der Grundlage der gesammelten Informationen dann auch Aussichten auf Erfolg hat.

Klinische und ärztliche Untersuchung

Kinder, bei denen eine Diagnose auf AD/HS in Betracht kommt, sollten einer vollständigen körperlichen Untersuchung durch einen Kinderarzt unterzogen werden (Barkley 1981, 1998). Ebenso braucht man Zeit, um einen gründlichen Überblick über den familiären Hintergrund, Ereignisse vor und nach der Geburt, die medizinische und sonstige Entwicklung ebenso wie über den momentanen Gesundheitszustand des Kindes, seine Ernährung und seine sensorischmotorische Entwicklung zu bekommen.

Besonderer Nachdruck beim Gespräch mit dem Arzt ist auf eine klare Diagnose auf AD/HS zu legen, die gegenüber anderen medizinischen und psychologischen Befunden, besonders gegenüber den medizinisch behandelbaren, abgegrenzt werden muss. In einigen Fällen ist AD/HS die mögliche Folge eines negativen biologischen Ereignisses wie Hypoxie (Sauerstoffmangel) oder eines bedeutsamen Kopftraumas, einer Infektion des zentralen Nervensystems oder einer Hirngefäßerkrankung. Auch ist zu bestimmen, ob die Schwierigkeiten des Kindes möglicherweise nicht mit dem Einsetzen von Epilepsie zusammenhängen.

Ebenso sollen bei einer ärztlichen Untersuchung alle anderen gleichzeitig vorliegenden Befunde, die behandelt werden müssen, festgestellt werden. Wie schon erwähnt, tritt bei AD/HS oft eine höhere Anfälligkeit für eine ganze Reihe weiterer Zustände hinzu. Kinder mit Epilepsie oder bedeutsamen Allergien wie Asthma müssen besonders sorgfältig beurteilt werden wegen der Nebenwirkungen auf das Verhalten, das von den Medikamenten herrührt, mit denen sie behandelt werden.

Es muss auch geprüft werden, ob körperliche Befunde vorliegen, die als Kontraindikation für eine Behandlung mit Medikamenten anzusehen sind (zum Beispiel hoher Blutdruck,

Tourette-Syndrom). Während eine körperliche Untersuchung von AD/HS-Kindern oft normale Ergebnisse zeigt, sind auf jeden Fall körperliche Faktoren wie Seh- oder Hörschwächen, die fälschlich als AD/HS-Symptome interpretiert werden könnten, auszuschließen. Exakte Grunddaten über Körperwachstum, Herzschlagfrequenz und Blutdruck werden als Vergleichsgrundlage benötigt, falls Medikamente ins Auge gefasst werden.

Sämtliche Daten müssen im Rahmen einer Beurteilung des Familienhintergrunds und der elterlichen Erziehung neben anderen relevanten Faktoren im sozialen und sonstigen Umfeld berücksichtigt werden.

Zusammenfassen der Daten für eine Beurteilung/Diagnose

Gerade weil jede Beurteilungsmethode ihre Grenzen hat, liegt der Vorteil eines umfassenden diagnostischen Vorgehens darin, dass die Stärken und Schwächen jeder einzelnen dadurch wettgemacht wird, dass sie ausgeglichen werden, weil sie Teil eines breiteren Bewertungsrahmens sind (DuPaul und Stoner 1994). Ziel ist die konsequente Erhebung von Informationen über Häufigkeit und Schwere verwandter Verhalten in verschiedenem Kontext und ihr Fortdauern im Rahmen der gesamten Entwicklung des Kindes. Nur so lässt sich ein Kindheitssyndrom als AD/HS diagnostizieren.

Der gegenwärtige Wissensstand legt nahe, dass Fachleute auf mehrere Bewertungsmethoden zurückgreifen, mehrere Informationsquellen aus verschiedenen Bereichen und die so erhaltenen Daten sowohl mit Blick auf einen bio-psycho-sozialen Aspekt als auch einen Entwicklungsaspekt interpretieren müssen.

Das Integrieren der gesammelten Informationen sollte zu einem Verständnis der körperlichen, kognitiven, schulischen und emotionalen Stärken und Schwächen sowie des Verhaltens des Kindes führen und Anhaltspunkte für die Planung von Intervention und Behandlung geben. Verhaltensänderung, kognitive Therapie, Beratung und Training der sozialen und organisatorischen Fähigkeiten sind einige der Optionen, die sich hier anbieten. Für viele ist die medikamentöse Behandlung entscheidend, damit das Kind wieder ganz normal funktionieren kann.

Keine Behandlung allein dürfte effektiv auf das Bündel von Verhaltensmustern und Problemen einwirken, die diese Kinder haben. Es geht tatsächlich darum, das Problem zu definieren ebenso wie das Verhalten und die Situation, in denen die Probleme auftreten, und dann das Reservoir an möglichen Behandlungen zu betrachten.

3 Interventionen in der Schule

Es sollten mehrere verschiedene Zugänge ins Auge gefasst werden, die die folgenden, auf die Bedürfnisse des einzelnen Kindes zugeschnittenen Punkte enthalten:

- Wissen um und Verstehen von AD/HS,
- Unterstützung der Familie und entsprechende Interventionen,
- Intervention in der Schule und Richtlinien für den Umgang mit Schülern, die unter AD/HS leiden,
- Richtlinien für den Umgang mit entsprechenden Verhaltensmustern,
- individuelle kognitive Zugänge,
- Medikamente.

Diese Punkte sind in die folgenden Richtlinien in diesem und den folgenden Kapiteln, die sich auf Schule, Elternhaus und ärztliches Eingreifen beziehen, eingearbeitet. Wenn sie angewandt werden, können viele impulsive und hyperaktive Kinder eine ganz normale Schule besuchen. Im Übrigen sind solche Maßnahmen, die einem Kind mit AD/HS helfen, auch für viele andere Kinder gut geeignet. Wichtig ist vor allem, dass sich das Kind nicht von Gleichaltrigen abgelehnt fühlt, was die Situation nur verschärfen würde. Allein dadurch dürfte es schon möglich sein, das sehr auffällige Verhalten zu reduzieren. Sämtliche Strategien zielen auf ein weitgehendes Einbeziehen des Kindes ab, und Lehrer sollten ermutigt werden, ihre eigenen Vorstellungen und Mittel so kreativ wie möglich zu gestalten und auszuführen – alle darauf gerichtet, das Kind bei der Bewältigung des Lehrplans zu unterstützen. Die Diagnose oder das Etikett »ADS« sollte nicht dazu verleiten, die Defizite des Kindes in den Vordergrund zu stellen, sondern vielmehr Gelegenheiten bieten, damit sich das Kind in der Schule bewähren kann. Dafür muss man die Lehrer vielleicht nur besser über AD/HS aufklären und instruieren bzw. Klarheit über Mythos und Wirklichkeit schaffen. Der Klassenlehrer braucht vielleicht auch nur positive Unterstützung und Verständnis, was auf eine gemeinsame Erfahrung und Anstrengung hinausläuft. Medikamente dürften die Initiativen von Seiten des Lehrers unterstützen, aber solche Initiativen müssen im Repertoire von Kind und Lehrer vorhanden sein, damit sie je nach Bedarf angewandt werden und positive Ergebnisse hervorbringen können. Mit Hilfe eines Dialogs zwischen den verschiedenen Fachleuten und dem Austausch von Informationen können die Eingriffe effektiver gestaltet werden. Diese beziehen die Kinder ebenso ein wie den Lehrplan, die Gleichaltrigen, das Elternhaus und die Familie.

Der Umgang im Klassenzimmer und die Lernorganisation

Kinder mit AD/HS brauchen ein gut strukturiertes Umfeld. Deshalb ist ein stützendes Schulumfeld zu planen und zu schaffen, in dem sich ein AD/HS-Kind wohl, geschätzt und verstanden fühlt. Schulerfolg und Lernfortschritt zählen für ein AD/HS-Kind genauso wie für andere. Außerdem wird damit eine gute Grundlage für alle Kinder geschaffen.

1 Eine tägliche Routine, in der die Schule einen festen Platz hat, ist beruhigend. Mögliche Veränderungen oder Umstellungen im Stundenplan müssen so weit wie möglich vorhergesehen werden, um das Kind darauf vorzubereiten.

2 Alle Kinder sollten ermutigt werden, laufend ihre Hausarbeiten in ein Heft einzutragen (wo angemessen), und man sollte sich die Einträge zeigen lassen.

3 Für das Kind mit AD/HS (und andere) sollte ein ruhiger Platz reserviert sein, an den es sich zu bestimmten Zeiten zurückziehen kann.

Das äußere Umfeld

1 Die richtige Sitzordnung und die richtige Anordnung der Möbel im Klassenzimmer sorgen dafür, dass es so wenig Ablenkung wie möglich gibt. Ein Kind mit AD/HS muss so sitzen, dass es Lehrer, Tafel und positive Rollenmodelle klar und deutlich vor Augen hat; von »Störenfrieden« sollte es dagegen so weit wie möglich entfernt sitzen.

2 Der Tisch sollte frei von unerwünschten Gegenständen sein; alle Kinder sollten dazu angehalten werden, ihre Arbeitsfläche in Ordnung zu halten.

3 Das Kind sollte in sicherer Entfernung von Fenstern, Rollläden, Steckern und Steckdosen sitzen.

Der Unterricht

1 Dem Kind kann geholfen werden, indem seine Konzentration und Aufmerksamkeitsspanne durch angemessene Aufgaben und Aktivitäten gesteigert wird.

2 Am besten konzentriert man sich bei der Aufgabenlösung auch auf positive Zwischenergebnisse, statt darauf, was noch nicht erledigt wurde.

3 Die Motivation fördern und anregen und sich überlegen, was dem Kind mit AD/HS hilft, sich an einer Aufgabe zu beteiligen.

4 Sorgfältig auf die Fähigkeiten des Kindes hin abgestufte Fragen ausprobieren, mit denen es wieder zur Teilnahme an einer Aufgabe angeregt wird. Solche Fragen besitzen eine Signalwirkung, wenn Kind und Lehrer sich über Inhalt und ihre Bedeutung geeinigt haben.

5 Kinder mit AD/HS haben Mühe, Hintergrundgeräusche auszuschalten. Deshalb sollte der Geräuschpegel auf einer annehmbaren Höhe gehalten werden. Es kann hilfreich sein, für kurze Zeit ganz in Ruhe an einer spezifischen Aufgabe zu sitzen. Kopfhörer schalten Reize durch Geräusche aus.

6 Die komplette Lösung einer Aufgabe sollte natürlich belohnt werden. Nicht zulassen, dass sich unerledigte Aufgaben ansammeln, die das Kind später überwältigen.

7 Die Kinder lehren, sich beim Unterricht Notizen zu machen.

Der Umgang mit Verhaltenssteuerung

1 Einfache, klare Aufgaben stellen, die das Kind versteht.

2 Regeln in der Klasse sind wichtig, denn sie klären über die Erwartungen der Lehrerin auf. Die Regeln sollten positiv und deutlich zu erkennen sein und entsprechend immer wieder erwähnt werden; es sollten nicht mehr als fünf auf einmal sein.

3 Der Nachdruck sollte auf häufigem Bestärken von positivem Verhalten liegen. Eine Rückkoppelung muss sofort erfolgen und sich auf spezifische Verhaltensmuster beziehen. Ein breiteres Angebot an Belohnungen gibt dem Kind jedes Mal eine gewisse Auswahlmöglichkeit.

4 Mit einer klaren Hierarchie von Strafen erhält das Kind Einblick in sein Verhalten und in den »nächsten Schritt«. Die Hierarchie sollte *geplantes Ignorieren* und *Auszeit* vorsehen.

5 Sich aller Präzedenzfälle bewusst sein und sie sich, wo immer möglich, notieren. Damit erhält man möglicherweise Information über einen Wandel oder eine Änderung des »Auslösers«.

6 Positive Aufmerksamkeit stützen und fördern.

7 Mit dem Kind bestimmt reden, ohne es lächerlich zu machen, zu belehren oder an ihm »herumzukritteln«.

8 Das Kind nicht in die Ecke drängen; ihm einen Ausweg offen lassen. Sich um ein positives Ende der Interaktion bemühen.

9 Das Kind ermutigen, die »Dinge wieder in Ordnung zu bringen«.

10 Zwischen Nichtfügen und Nichtkönnen unterscheiden, wie zwischen »Ich kann es nicht« und »Ich will es nicht«.
Das Zweite sollte gerügt oder bestraft werden, im ersten Fall muss erklärt werden.

11 Einen Sinn für Prioritäten bewahren. Sich auf höchstens drei Verhaltensmuster auf einmal beschränken.

12 Unangemessenes Verhalten übergehen, damit diese Verhaltensmuster nicht dazu genutzt werden, negative Aufmerksamkeit zu erregen.

Soziale Fähigkeiten

Für Kinder mit AD/HS sind Freunde genauso wichtig wie für jedes andere Kind.
Manchmal ist die Fähigkeit, Freundschaften zu schließen, unzureichend entwickelt, oder sie wird an »falscher Stelle« eingesetzt. Solche Fähigkeiten müssen im Kontext der gesamten Klasse erklärt und gelehrt werden.

1 Mit Vorschlägen wie »einen Freundeskreis« zu bilden, der sich gegenseitig hilft, oder »Kumpeln«, die sich gegenseitig unter die Arme greifen, die Unterstützung von Gleichaltrigen planen und aufbauen. Wird dieses Vorgehen sorgfältig kontrolliert, werden Gleichaltrige von einem Kind mit AD/HS nicht »überwältigt«.

2 Sämtlichen Kindern Strategien zur Lösung von Konflikten und Selbstbehauptung lehren, sodass sich diese Fähigkeiten bei jedermann verbessern.

3 Gruppenarbeit mag durchaus schwierig sein, und die Gruppen brauchen sowohl ein wenig Instruktion als auch Unterstützung, damit die Schwierigkeiten auf ein Mindestmaß beschränkt bleiben. Darüber hinaus sollte für flexible Gruppenbildung gesorgt werden, um sicherzustellen, dass Kinder mit AD/HS mit verschiedenen anderen Kindern zusammenarbeiten.

4 Initiativen wie Nachhilfe durch Gleichaltrige sowie Partner beim Lesen oder Schreiben sollten kontrolliert werden und die Teilnehmer häufig wechseln.

5 In Lerngruppen, Kreisgesprächen und ähnlichen Projekten werden Selbstwertgefühl und soziale Fähigkeiten gefördert.

6 Die Dinge vom Standpunkt eines anderen zu betrachten sollte gefördert werden.

7 Angemessene soziale Fähigkeiten als Vorbild hinstellen; vorbildliche positive Kommentare zu Arbeit, Eigenschaften und Interaktionen formulieren.

8 Die ethische Regel aufstellen, dass jeder ein würdiges Mitglied der Gruppe ist. Harmonie im Klassenverband fördern.

Unterrichtsstil

1 Die zu lernenden Schritte müssen klein, die Ziele sollten realistisch und erreichbar sein.

2 Erfolg in der Schule zu planen spielt eine wichtige Rolle.

3 Um der Klasse Anweisungen zu geben, kann das Verfassen einer täglichen Liste nützlich sein. Komplexe Anweisungen in kleine Schritte gliedern. Sich vom Kind sagen lassen, was es tun soll. Bei kleinen Kindern hingegen ist eine einzige, klare Anweisung vermutlich sinnvoll.

4 Die vom Kind gelösten Aufgaben häufig kommentieren und es lehren, seine Arbeit selbst zu beurteilen.

5 Anschlussarbeiten motivieren ein Kind unter Umständen, auch unbeliebte Aufgaben zu vollenden. Dabei kommt es auf Abwechslung an.

6 Bei kleinen Kindern sollte der Unterricht »auf dem Fuß-boden«, auf Matratzen oder in eigens dazu hergerichte-ten Ecken stets nur von kurzer Dauer sein. Bei älteren Kindern erweist sich ein streng didaktisch vorgehender Unterrichtsstil nicht immer als hilfreich.

7 Mündliche Antworten zulassen.

8 Schriftliche Anforderungen reduzieren.

9 Alle Kinder das Diskutieren lehren. Damit erhält das Kind mit AD/HS positive Vorbilder. Dem Kind häufige Beiträge zur Diskussion gestatten.

10 Ruhig bleiben. Sich seiner Körpersprache und Stimm-lage bewusst sein. Beide sollen ein Gefühl der Sicherheit vermitteln und aufklären, nicht bedrohen und verwir-ren.

11 Beim Sprechen zur ganzen Klasse neben dem Kind ste-hen und sein Buch, Arbeitsblatt usw. als Beispiel neh-men.

12 Anfangs Aufgaben geben, die schnell erledigt werden können.

Individuelle Bedürfnisse

Oft haben Kinder mit AD/HS ein niedriges Selbstwertgefühl und gehen dann der Arbeit in der Klasse aus dem Weg, weil sie Angst vor Misserfolg haben. Möglicherweise fällt ihnen die Leistung schwer, obwohl sie die Fähigkeit dazu besitzen. Wenn Aufgaben nicht zufrieden stellend erledigt sind, sollte vielleicht weniger aufgegeben werden, aber nicht etwas Leichteres. Nachdrücklich positive Eigenschaften und Leis-tungen fördern.

1 Das Kind in mögliche Lösungen von Aufgaben einbeziehen. Lösungsschritte erarbeiten, sie bewerten und bereit sein, sie zu ändern und etwas anderes zu versuchen, wenn es damit nicht klappt.

2 Lernformen ausprobieren, mit denen das Kind lernt, sein Lernverhalten zu reflektieren. Die Ziele sollten realistisch und erreichbar sein und geändert werden, sobald sie erreicht wurden.

3 Eine ausgeführte Arbeit ist vielleicht unakzeptabel. Hier helfen ein Mehr an Organisation und Anordnung ebenso wie der Computer in der Endphase.

4 Dem Kind beibringen, wie es mit Unterbrechungen oder zeitlichen Umstellungen umgeht wie Pausen, Stundenplanänderungen usw.

5 Angst vor schlechter Leistung oder auftretenden Schwierigkeiten mögen eine Rolle spielen. Entspannungstechniken üben und Hinweise geben, wie man Stress bewältigt.

6 Einem Kind mit AD/HS fällt das Auswählen von Informationen vielleicht schwer. Hier müssen Lernfähigkeiten gelehrt und Denkanstöße gegeben werden, wie man überhaupt mit einer Aufgabe beginnt.

7 Schreiben könnte ein Problem darstellen. Verlangen Sie anfangs nicht zu viel an Text, eher weniger, und bauen Sie die zu schreibende Menge langsam auf.

8 Beim Erlernen der Rechtschreibung mit einer geringen Anzahl von Wörtern beginnen, sie dann allmählich steigern.

9 In Mathematik sollte nicht die Lösung aller Aufgaben verlangt werden, damit das Kind nicht unter zu starken Zeitdruck gerät. Sind die Aufgaben nach ihrem Schwierigkeitsgrad geordnet, kann man eine individuell auf das Kind bezogene Reihenfolge zu ihrer Lösung vorgeben.

10 Die Arbeit an einem Projekt oder zu einem bestimmten Thema ist generell eher offen.
Ein Kind mit AD/HS aber benötigt eine straffere Organisation und genaueres Hinsehen. Realistischer dürften hier kleine Arbeitsschritte sein, die tatsächlich bewältigt werden können.

11 Das Kind lehren, Fallstricke in Lernsituationen zu umgehen oder jene Schritte, mit denen es zurechtkommt, von jenen zu unterscheiden, bei denen es Hilfe benötigt.

12 Kinder mit AD/HS neigen zur Vergesslichkeit; unter Umständen muss man sie öfters an etwas erinnern als andere.

13 Augenkontakt fördern, ohne jedoch darauf zu bestehen.

14 Aufzeichnungen auf ganz unterschiedliche Art vornehmen, zum Beispiel

- mit einem Textverarbeitungsprogramm,
- mit einem Diktafon oder Tonband,
- mit Diagrammen,
- mit Schaubildern,
- mit bildlicher Darstellung,
- mit Unterstützung eines Erwachsenen,
- mit einem Briefpartner.

15 Frustration lässt sich durch häufigen Zuspruch oder kurze Pausen mildern; zum Beispiel kann das Kind Material aus einem anderen Klassenzimmer holen oder einem Lehrer eine Botschaft überbringen, es kann kurz in die

Schulbibliothek gehen, um ein Buch für den Unterricht zu besorgen usw.

16 Das Kind ermutigen, sich vor seinem geistigen Auge Konzepte oder Informationen zu vergegenwärtigen, denn wenn es sich etwas vorstellt, lernt es leichter.

17 Mit einer Stoppuhr werden Zeitgrenzen besser eingehalten.

18 Mit ungeschickter und schwerfälliger Feinmotorik ist behutsam umzugehen. Bei dem zu erreichenden Ziel sollte man realistisch sein.

19 Das Kind ermutigen, ein Stück Karton mit einem Fenster darin zu verwenden, um sich auf einen kleinen Textausschnitt auf einmal konzentrieren zu können, ohne abgelenkt zu sein.

20 Einen Text, wenn nötig, fotokopieren und dem Kind zeigen, wie es mit einem Marker die wichtigsten Punkte kennzeichnet.

21 Kindern selbstständiges Organisieren lehren. Listen oder Karteikästen sind dabei hilfreich, denn das Kind kann systematisch und der Reihe nach vorgehen.

22 Kinder mit AD/HS sind nicht so sehr auf Wiederholung, sondern eher auf mehr Abwechslung angewiesen.

Elternhaus und Schule

1 Eltern müssen den Stundenplan, von dem sie eine Kopie bekommen sollten, kennen, ebenso wie sie über den täglichen Schulablauf Bescheid wissen sollten und über die Erwartungen, die an ihr Kind gestellt werden. Auf diese Weise können sie dem Kind beim Organisieren seiner Schularbeit in und außerhalb der Schule helfen.

2 Die Kommunikation wird durch den Gebrauch eines Notizbuches, in das Eltern und Schule wechselseitig Eintragungen vornehmen, erleichtert, wobei keine Notizen vorgenommen werden sollten, die sich auf Sachverhalte beziehen, die dem Kind ein negatives Selbstbild vermitteln.

3 Die Eltern ermutigen, es so einzurichten, dass sie dem Kind helfen, seine Schultasche jeden Abend für den nächsten Morgen zu packen und auf Vollständigkeit hin zu prüfen.

4 Die Kommunikation mit den Eltern muss wirksam sein. Effektive und positive Strategien kann man teilen.

5 Die Verhaltenssteuerung von Seiten der Schule sollte auf festen Prinzipien beruhen, die als kontinuierlich und konsequent empfunden werden.

6 Für kleinere Kinder muss die Übergabe bei Schulanfang und Schulschluss klar geregelt sein.

7 Tägliche Nachfragen zum Verhalten des Kindes von seiten der Eltern oder Lehrer sind nicht besonders hilfreich.
Solch ein Austausch könnte einmal in der Woche oder sogar alle vierzehn Tage stattfinden. Dabei sollte man sich auf Positives und erbrachte Leistungen konzentrieren.

8 Auf Schulausflügen oder bei Besichtigungen ist zusätzliche Beaufsichtigung möglicherweise angebracht.

9 Die Eltern eine Hausarbeit abzeichnen lassen, wenn für die Aufgaben eine im Voraus festgelegte Zeit aufgewendet wurde.

10 Die Partnerschaft zwischen Lehrer und Eltern betonen. Jede Unterstützung ist am wirksamsten, wenn sie gegenseitig erfolgt.

11 Die Eltern bei der Festlegung von Zielen für ihr Kind beteiligen.

12 Sicherstellen, dass zwischen allen, die mit dem Kind arbeiten, eine Verbindung besteht, und dafür sorgen, dass die Ziele angemessen und realistisch sind.

13 Die Ziele einer regelmäßigen Überprüfung unterziehen.

14 Erfolge feiern.

Zusammenfassung

Kinder mit AD/HS in der Klasse sind unter Umständen anstrengend. Jedoch sollte man sich immer vor Augen halten, dass es sich hier um eine Behinderung handelt. Ein wirksames Umfeld, das das Kind mit AD/HS zum Lernen anspornt, unterstützt sein individuelles Anderssein in einem flexiblen, strukturierten Rahmen, statt sich auf die Unterschiede zu konzentrieren. Dadurch wird solch ein Kind nur entfremdet. Beim Umgang mit einem Kind mit AD/HS erweist sich ein aktiver Zugang als hilfreicher als ein rein reaktiver. Die ganze Schule kann einbezogen werden, um das Kind zu verstehen und auf es einzugehen, indem seine Leistungen und Erfolge gefeiert und geschätzt werden. Kinder mit AD/HS reagieren positiv auf Erzieher, die sich etwas aus ihnen machen; das Ergebnis davon ist, dass sie regelrecht aufblühen.

4 Der Umgang zu Hause

So, wie Kinder mit AD/HS Erfolg in der Schule brauchen, benötigen sie persönlichen Erfolg in ihrem Leben, sollen sie ihre Fähigkeiten entwickeln und in ihrer Welt erfolgreich sein. Jedes Kind mit AD/HS ist anders, und bei Eltern, die sich mit den täglichen Schwierigkeiten und Dramen von AD/HS auseinander setzen müssen, schlagen die Wogen der Emotionen manchmal hoch. Selbst die besten Eltern der Welt kommen sich manchmal unzulänglich vor, sind enttäuscht oder wütend und haben entsprechende Schuldgefühle. Deshalb müssen die Eltern neben den Bedürfnissen ihres Kindes auch ihre eigenen Bedürfnisse und Sorgen berücksichtigen und Hilfe suchen, um mit ihren Gefühlen und denen der übrigen Familienmitglieder zurechtzukommen. Gute Aussichten für Kinder mit AD/HS sind zu erwarten, wenn die Eltern (oder andere Betreuer) verständnisvoll sind, ihnen Unterstützung gewähren und als Erzieher zuversichtlich und konsequent positiv handeln.

Im Folgenden finden sich Ratschläge für Eltern, wie sie den Umgang mit Kindern mit AD/HS zu Hause gestalten können. Viele der Richtlinien für Lehrer aus dem vorherigen Kapitel sind auch zu Hause anwendbar. Allerdings sollte man sie weder als hinreichend betrachten, noch können sie in jeder Situation bei jedem Kind mit AD/HS verwendet werden. Für den Umgang mit betroffenen Kindern dürfte sich keine der vorgestellten Strategien isoliert als wirksames Vorgehen in einer Situation erweisen, bei der es im Wesentlichen um ein ganzes Bündel von Verhaltensmustern und Problemen geht, die diese Kinder zeigen.

☞ Wissen und Verständnis fördern

AD/HS ist sozusagen ein fester Bestandteil des Kindes. Es handelt sich dabei um keine Krankheit, sondern um ein Bündel von problematischen Verhaltensweisen, die es größtenteils nicht steuern kann. Sie gehen weder auf nur eine Ursache zurück, noch gibt es für sie nur eine einzige Heilmöglichkeit, und in einem ersten Schritt geht es vor allem darum, dass das Problem verstanden und akzeptiert wird. Denn wie sehr ein Kind auch gedrängt und bestraft wird, es benimmt sich dennoch nicht perfekt. Ein wichtiger Schritt für den Umgang zu Hause setzt voraus, dass Eltern nach und nach verstehen, welche Probleme sich bei Kindern aufgrund von AD/HS zeigen.

Eltern müssen stets die Behinderung berücksichtigen, damit sie das Kind nicht übermäßig für Dinge kritisieren oder bestrafen, die es einfach nicht kann. Sie müssen verstehen lernen zu unterscheiden, was ihr Kind »*nicht tun kann*« und was es »*nicht tun will*«. In den meisten Fällen benehmen sich diese Kinder nicht absichtlich daneben. Wenn es dennoch geschieht, muss das Verhalten, nicht aber das Kind bestraft werden. Eltern müssen dem Kind deutlich zeigen, dass nicht das Kind selbst schwer zu akzeptieren ist, sondern sein Tun. Beim Umgang mit schwierigem Verhalten sollte man sich an die Maxime erinnern, das Verhalten zu kritisieren, aber die Person zu schätzen.

☞ Denken Sie positiv über Ihr Kind und handeln Sie entsprechend

Kinder mit AD/HS müssen die Konsequenzen für ihr Verhalten spüren, die vorhersagbar sein müssen, klar und einleuchtend; sie müssen häufiger und schneller als andere Kinder eine Reaktion vermittelt bekommen, damit sie ihr Verhalten steuern können. Sowohl sekundäre Belohnungen (Lob) als auch primäre (Spielzeug, Leckerbissen oder Privilegien) müssen in einem schnelleren Takt erfolgen, wenn Kinder mit AD/HS mitarbeiten oder erfolgreich gewesen sind. Eltern sollten sich daran erinnern, dass das Kind mit AD/HS vermutlich weniger positive Reaktionen hört als seine Geschwister, und sie müssen vielleicht eine besondere Anstrengung unternehmen, um das auszugleichen.

Erhält das Kind keine positive Zuwendung, wird es alles daransetzen, um Aufmerksamkeit im negativen Sinn zu erregen. Ist Belohnung die Folge von (vorteilhaftem) Verhalten des Kindes, wiederholt es dieses Verhalten vermutlich immer häufiger. Wird unerwünschtes Verhalten nicht bestärkt oder wird es heruntergespielt, tritt es vermutlich nicht wieder auf. Ziel sind positive Einstellungen gegenüber dem Kind, die die Eltern kontrollieren, indem sie erwünschtes Verhalten hervorheben und belohnen.

Wie erreicht man das?

1 Lob von Verhalten abhängig machen.

2 Immer sofort loben.

3 Immer deutlich die speziellen Fähigkeiten positiv hervorheben.

4 Positives Lob ohne »Nebenbemerkungen« oder Ironie aussprechen.

5 Außer mit Worten auch mit Lächeln, Augenkontakt und Begeisterung loben.

6 Neben mündlichem Lob auch mit Schulterklopfen, Umarmung und Küssen loben.

7 Das Kind auch dann loben, wenn es etwas relativ gut macht, und nicht nur, wenn es sich perfekt verhält.

8 Konsequent das Verhalten loben, das man fördern möchte.

9 Vor anderen Kindern loben.

Trotz aller Schwierigkeiten sollten Eltern also unbedingt eine positive Beziehung zu ihrem Kind pflegen. Sie sollten eine angenehme Beschäftigung finden und dieser Beschäftigung mit ihrem Kind so oft wie möglich, mindestens aber zweimal jede Woche nachgehen. Wird dem Kind die Wahl einer solchen Lieblingsbeschäftigung überlassen und darf es dabei den Ton angeben, wird sein Selbstvertrauen gestärkt.

☞ Bauen Sie bei Ihrem Kind ein positives Selbstwertgefühl auf

Meistens fühlen sich Kinder mit AD/HS ziemlich schlecht und glauben, dass sie sich nicht in ihrer Welt zurechtfinden, anstatt dass sie die Dinge, die ihnen gut gelingen, erkennen und positiv für sich annehmen. Was nicht überrascht, denn wegen ihrer persönlichen Lerngeschichte können sie einfach nicht auf dieselben Erfahrungen wie andere Kinder zurückblicken. Man kann diese Kinder für ihre Anstrengung und ihr gutes Verhalten nicht oft genug loben, denn ihr Selbstwertgefühl ist häufig gering. Sie brauchen Hilfe, damit sie sich einmal kritisch betrachten und sich auf ihre Erfolge konzentrieren, damit sich ihre Gefühle und ihr Selbstwertgefühl verändern. Ihre Eltern müssen ihre Selbstachtung stärken, und dies jeden Tag, vielleicht ein Leben lang.

Kinder mit AD/HS sind oft kreativ und verfügen über ganz besondere Talente. Diese Stärken sollten erkannt und genutzt werden, selbst wenn diese Talente nicht den Hoffnungen und Erwartungen der Eltern entsprechen. Das Selbstwertgefühl des Kindes wandelt sich zum Positiven, wenn man die Gebiete, auf denen es besonders kompetent ist, entdeckt, betont und fördert.

☞ Nachdruck auf Routine, Struktur und Vorhersagbarkeit

Kinder mit AD/HS profitieren davon, wenn es zu Hause vorhersagbar und strukturiert zugeht. Ein fester Zeitplan vom Aufstehen am Morgen bis zu den Hausaufgaben am Nachmittag oder frühen Abend und den täglichen Verpflichtungen wirkt sich vorteilhaft aus.

Gute Lerngewohnheiten nimmt das Kind dank einer vorher festgelegten Routine an. Während der Zeit, in der die Schularbeiten gemacht werden, sollte kein Fernseher oder etwas anderes ablenken. Auf diese Weise werden die Kinder allmählich Verantwortung in einem für sie vorhersehbaren Rahmen übernehmen.

Außerdem ist es für Kinder mit AD/HS von Nutzen, wenn Eltern klare und konsequente Grenzen für unakzeptables Verhalten setzen. Ein Kind mit AD/HS muss wissen, wo genau es steht; mit ständig wechselnden Grundregeln kommt es nicht zurecht. Eltern sollten sicherstellen, dass ihren Kindern die Regeln vertraut sind und auch, wie sie sie zu befolgen haben;

sie müssen von jeder Änderung der Routine erfahren, und jede Veränderung sollte im Voraus geplant sein.

Eltern wie Partner müssen auf die verschiedenen Handlungen des Kindes ähnlich reagieren und einen entsprechend ähnlichen Erziehungsstil verfolgen. Dazu sind unter Umständen beträchtliche Diskussionen und Planungen vonnöten. Sind ältere Kinder da, sollten sie in Entscheidungen über Familienregeln, Belohnungen und Strafen einbezogen werden. Werden alle Kinder auf diese Weise beteiligt, lernen sie, wie man langfristige Strategien zur Lösung von anfallenden Problemen entwickelt.

☞ Klare Kommunikation

Kinder, die unaufmerksam, impulsiv und anscheinend taub für Vorschriften sind, benötigen eine möglichst klare Kommunikation und ebensolche Anweisungen. Die Anweisungen sollten klar und knapp sein und konsequent durchgesetzt werden. Es ist unrealistisch, vom Kind Selbstdisziplin zu erwarten, wenn dies nur auf eine Konfrontation hinausläuft, die nicht besonders hilfreich ist. Positive Anweisungen wie: »Deine Füße gehören auf den Boden!«, anstelle von: »Leg deine Füße nicht auf den Tisch!«, sind wirkungsvoller.

Es geht darum, darauf zu achten, dass das Kind die Regeln kennt und dass es weiß, dass sie befolgt werden müssen.

Eltern fällt es oft schwer, bei ihren Kindern konsequent zu bleiben. Hat sich das Kind erst einmal daran gewöhnt, ihre Anweisungen zu überhören, müssen sie zu einer oder mehreren der folgenden Taktiken greifen, um sicherzustellen, dass das Kind ihnen zuhört:

1 Das Kind bei den Schultern halten, während die Anweisung gegeben wird.

2 Ihm in die Augen schauen.

3 Klar und fest sprechen.

4 Darauf bestehen, dass das Kind sich eine vernünftige Anweisung anhört und sie auch befolgt.

5 Sich daran erinnern, dass murmeln, herumnörgeln, diskutieren, flehen, schreien oder den Fernseher übertönen zu wollen zu keinem Erfolg führen.

6 Das Kind sollte die Aufforderung jeweils wiederholen. Das ist hilfreich.

☞ Das Steuer übernehmen

Eltern sollten sich daran erinnern, dass sie als Erwachsene das Recht haben, die jeweilige Situation zu kontrollieren. Sie sollten dem Kind keine Gelegenheit geben, »ihnen auf die Nerven zu gehen« und sie zu verärgern. Sie sollten keine Drohungen aussprechen, die sie nicht verwirklichen können. Kritik muss mit täglichem Lob gemäßigt werden. Sie sollten häufige Gelegenheiten für ein Lob anstreben, damit »gutes« Verhalten gefördert werden kann.

Eltern sollten persönliche Bemerkungen vermeiden, mit denen sie das Kind verletzen können. Sie verlieren dadurch die Achtung des Kindes und schaden ihrer Beziehung mit ihm. Sie sollten versuchen, nicht ironisch oder aggressiv zu klingen. Alle Kinder imitieren das Verhalten ihrer Eltern, und Kinder mit AD/HS bilden dabei keine Ausnahme.

Jede Konfrontation sollte, wenn möglich, vermieden werden, da viele Kinder mit AD/HS Aufmerksamkeit suchen, selbst wenn sie negativ ist. Konflikte sollten schnell und, wo immer möglich, privat gelöst werden. Darauf sollte schnell eine Gelegenheit gefunden werden, in der das Kind sich bewährt. Die Eltern sollten sicherstellen, dass jede Interaktion erfolgreich endet. Kindern sollte immer ein Ausweg bleiben, denn wenn ein Kind sich in die Ecke gedrängt fühlt, droht Konfrontation. Immer sollte man versuchen, eine Lösung zu finden, die »besser für beide« ist. Manchmal (besonders bei älteren Kindern) sind ein Kompromiss und die Änderung eines ganz bestimmten Verhaltensausschnitts besser, statt zu erwarten, das Verhalten gänzlich unterbinden zu können.

☞ Nur realistische Erwartungen hegen

Eltern sollten die Probleme nicht dadurch verschärfen, dass sie »aus einer Mücke einen Elefanten machen«, sondern sich auf einige wenige grundsätzliche Verhaltensmuster konzentrieren, auf die es ankommt. Realistische Erwartungen sind wichtig, ebenso wie Hilfen und Zugeständnisse. Eltern sollten nicht versuchen, sich mit allen unerwünschten Verhaltensformen des Kindes auf einmal zu befassen, sondern sich stattdessen auf höchstens ein oder zwei Verhaltensmuster beschränken, die korrigiert werden müssen, und sich ausschließlich oder hauptsächlich darauf konzentrieren. Die Wahl dieser Verhaltensmuster hängt weitgehend von den Prioritäten innerhalb der Familie ab und von dem Umfang, in dem diese Verhaltensmuster möglicherweise langfristig schädigende Folgen für das Kind haben könnten (zum Beispiel wenn es andere Kinder schlägt).

☞ Strafen (»Sicherheitsventile«)

Irgendwann kommt im Umgang mit einem Kind mit AD/HS der Augenblick, in dem den Eltern das Steuer aus der Hand gleitet. Sobald die Situation diesen Punkt erreicht hat, sind Vernunft und rationales Denken offensichtlich fehl am Platz. Der Punkt ist erreicht, an dem es das Beste ist, Abstand zu nehmen und Sanktionen auszusprechen, um die Emotionen zu besänftigen. Außerdem eignet sich beides als gutes Sicherheitsventil für Kind und Eltern.

Geplantes Ignorieren

1 Eltern sollten von Verhaltensmustern wie grobe Bemerkungen und Protest absolut keine Notiz nehmen.

2 Eltern sollten Wutanfälle, Schreien und Kreischen ignorieren, indem sie das Kind, wo immer möglich, ohne Zuhörer lassen.

3 Eltern sollten sich ihren eigenen Angelegenheiten zuwenden und zum Beispiel mit dem Staubsauger durch die Wohnung gehen, so dass die Wutanfälle des Kindes nicht mehr zu hören sind.

4 Es ist ungemein wichtig, dass das Kind den Eltern gehorcht, und sie sollten dem Kind zeigen, dass sie es wirklich ernst meinen mit dem, was sie sagen: indem sie Augenkontakt herstellen und Anweisungen mit erhobener und fester Stimme (aber ohne zu schreien) wiederholen. (Es schadet nicht, richtig wütend auszusehen.)

Auszeit

Mit dieser Technik wird eine brenzlige Situation dadurch entschärft, dass dem Kind jede Aufmerksamkeit und die Zuhörer entzogen werden. So kann zum Beispiel das Verbannen ins eigene Zimmer Wunder wirken. Es sollte wirklich nur für eine kurze Zeit sein, wobei die grob über den Daumen gepeilte Regel für Auszeit eine Minute für jedes Lebensjahr des Kindes, höchstens aber zehn Minuten vorsieht. Nur wenn das Kind sich beruhigt hat, selbst wenn es nicht offen bereut, sollte es ihm gestattet sein, in die reale Welt zurückzukehren. Diese Auszeit sollte sich nur auf Verhaltensweisen beschränken, die man auf keinen Fall übersehen kann (zum Beispiel Aggressivität). Diese Technik ist kompliziert und gelingt am besten mit jüngeren Kindern. Sie wirkt nicht, wenn das Kind die Auszeit genießt, deshalb sollten Spielzeug oder andere Ablenkungen während der Auszeit möglichst nicht zur Verfügung stehen. Eltern sollten die erste beste Gelegenheit ergreifen, das Kind nach der Auszeit zu loben.

☞ Sich um sich selbst kümmern

Kinder mit AD/HS lösen in ihrer Familie gelegentlich gewaltigen Stress aus, aber gerade Stress ist der Hauptkatalysator, der schlechtes Verhalten begünstigt. Auch wenn es schwer fällt, man sollte deshalb vor allem die Ruhe bewahren. Die Eltern sollten sich an ihre eigenen Bedürfnisse und die ihrer anderen Kinder erinnern. Eine Ruhepause »draußen«, die Gesellschaft von Erwachsenen oder Interessen außerhalb des Hauses helfen, den Stress für Eltern und Geschwister abzubauen.

☞ Hilfe suchen

Nicht jedes mögliche Szenario kann im häuslichen Leben eines Kindes mit AD/HS vorausgesehen werden. Die Eltern müssen unter Umständen Rat einholen, um mit den Fragen des täglichen Lebens zurechtzukommen. Der Rat sollte allerdings von jemandem kommen, der etwas von AD/HS versteht, denn sonst fühlen sich die Eltern für alles verantwortlich, was unnötige Schuldgefühle oder bloßes Lamentieren begünstigt.

Eine psychologische oder therapeutische Behandlung sollte sich mit den emotionalen Problemen des Kindes innerhalb der Familie befassen. Programme zum Umgang mit bestimmten Verhaltensmustern können (und sollten) sorgfältig auf die Werte und Bedürfnisse der Familie zugeschnitten sein. Der Plan für eine Therapie sollte das Resultat einer Zusammenarbeit zwischen Eltern und Therapeuten sein.

5 Behandlung mit Medikamenten

Am umstrittensten bei AD/HS dürfte die Verwendung von Medikamenten als Behandlung sein. Diese Frage löst zum Teil starke Emotionen aus, besonders wenn Schulen gebeten werden, sich an der Verabreichung von Medikamenten zu beteiligen.

Methylphenidat (Ritalin) ist das am häufigsten verwendete und untersuchte Medikament für AD/HS in der Kindheit. Untersuchungen lassen darauf schließen, dass in den USA in 90 bis 95 Prozent aller Fälle Methylphenidat verschrieben wird. Bei ungefähr 75 Prozent der Kinder mit Symptomen von Hyperaktivität, Unaufmerksamkeit und impulsivem Verhalten ist seine Wirkung außerordentlich. Zudem bessern sich aggressive, antisoziale und oppositionelle Verhaltensweisen ebenso wie die Beziehungen zu Gleichaltrigen und Eltern.

Methylphenidat ist generell unwirksam bei Symptomen im Zusammenhang mit Angst, affektiven und Verhaltensstörungen. Seine Wirkung auf das Lernen ist widersprüchlich, und es verbessert, allein für sich genommen, schulische Leistungen nicht unbedingt; allerdings stellen sich Fortschritte ein, die auf das Resultat größerer Aufmerksamkeit und verringerter Ablenkbarkeit zurückzuführen sind. Medikamente lehren keine neuen Fähigkeiten, aber sie öffnen vielleicht ein Fenster für eine Situation, in der sorgfältiges Unterrichten überhaupt stattfinden kann.

Langzeitstudien lassen darauf schließen, dass die Wirkung des Medikamentes im Allgemeinen schnell nachlässt, sobald die Behandlung aus- oder abgesetzt wurde.

Einige Kinder reagieren auf das Medikament gar nicht, bei wenigen verschlimmert sich ihr Verhalten oder sie verfallen in Depressionen und leiden unter Mattigkeit. In diesem Fall sollte das Medikament abgesetzt oder die Dosis reduziert werden.

Methylphenidat wirkt als Stimulanz, das zur vermehrten Produktion der fehlenden Neurotransmittersubstanzen anregt, wie sie bei Kindern mit AD/HS festgestellt werden. Auf diese Weise können Botschaften sehr viel schneller übermittelt werden. Viele dieser Kinder gleichen dank der unvermeidlichen hormonalen Veränderungen in der Pubertät ganz natürlich ihren bisherigen Mangel wieder aus. Es ist darauf hinzuweisen, dass Methylphenidat weder ein Beruhigungsmittel noch ein Sedativum ist, sondern vielmehr ein anregendes Medikament, das dem Gehirn bei der Produktion dessen hilft, was teilweise fehlt.

Nebenwirkungen

Es gibt nur wenige Nebenwirkungen. Bei einigen Kindern wird der Appetit unterdrückt, was mit Gewichtsverlust einhergeht. Aus diesem Grund wird das Medikament mit Nahrung eingenommen. Als weitere Nebenwirkungen treten manchmal anfängliche Müdigkeit, gelegentlich Kopfschmerz, eventuell Schwindel und in Ausnahmefällen verschwommenes Sehen auf. Alle diese Nebenwirkungen halten meistens nicht mehr als ein paar Tage an, bevor sie sich verlieren, während das Kind sich an das Medikament gewöhnt. Methylphenidat bewirkt manchmal Schlaflosigkeit, verlangsamtes Wachstum, und einige Kinder entwickeln Ticks. Das ist aber eher ungewöhnlich und wird bei den empfohlenen Dosierungen nur selten festgestellt.

Sucht

Bei Kindern führt das Medikament nicht zur Sucht. Einige Kinder werden manchmal etwas weinerlich, wenn die medikamentöse Wirkung nachlässt. Das ist aber nur eine vorübergehende Erscheinung und dürfte mit der Tatsache zusammenhängen, dass Neurotransmittersubstanzen auch die Stimmung beeinflussen, und wenn sie erschöpft oder in ungenügenden Mengen vorhanden sind, sich Depressionen einstellen können. Selbst wenn diese Wirkung beobachtet wird, und sie ist nicht ungewöhnlich, verliert sie sich innerhalb weniger Wochen.

In Langzeitstudien wurde bisher noch keine erhöhte Neigung zu Drogensucht, Alkoholismus, Kriminalität oder Wachstumshemmung festgestellt.

Die Entscheidung für eine Behandlung

Um zu einer Entscheidung für oder gegen eine medikamentöse Behandlung zu gelangen, erfordert das ärztliche Standardmodell, dass die Risiken und Vorteile einer jeden Behandlung mit anderen Möglichkeiten verglichen werden. Mehrere Faktoren dürften zu einer Entscheidung zugunsten einer medikamentösen Behandlung der AD/HS-Symptome bei Kindern beitragen: Die Schwere der Symptome, das Vorhandensein von gleichzeitig auftretenden Störungen, die Wirksamkeit nicht medikamentöser Behandlungen, die Fügsamkeit des Kindes und seine Toleranz gegenüber einer pharmakologischen Behandlung.

Ebenso kann das Vorhandensein weiterer Störungen eine Behandlung beeinflussen. Wenn ein Kind mit AD/HS eine Periode schwerer Depressionen hinter sich hat oder Symptome von Epilepsie aufweist, sollte die Behandlung von Depression oder Epilepsie im Allgemeinen Vorrang vor der Behandlung von AD/HS haben (Goldstein und Goldstein 1995).

Die Behandlung mit Medikamenten ist nur ein Aspekt des Ganzen. Eltern und Lehrer sollten erst mit allen Techniken im Umgang mit AD/HS vertraut gemacht werden, wobei die Reaktion auf solche Hilfestellungen einer genauen Beurteilung unterzogen werden müssen. Erst dann kann an eine medikamentöse Behandlung gedacht werden.

Die Nachuntersuchung

Nach dem Beginn der Behandlung sind sorgfältige begleitende Untersuchungen wesentlich, wenn nötig, anfangs telefonisch und in kurzen Zeitabständen, und danach in einem Rhythmus von vier bis sechs Wochen, gefolgt von einem Rückblick alle drei bis sechs Monate. Das ist notwendig, um die Wirkung zu messen, die das Medikament auf Aufmerksamkeit, Lernen und Verhalten des Kindes hat, wie ebenso sein Gewicht, Puls und Blutdruck zu überwachen sind. Einmal im Jahr sollte ein vollständiges Blutbild gemacht werden. Eltern und Schulen sollten entsprechende Fragebögen ausfüllen. Zur Bewertung der Wirksamkeit einer Behandlung sollten auch globale Bewertungsskalen, direkte Beobachtung des Patienten und qualitative Berichte herangezogen werden. Die psychopharmakologische Behandlung sollte stets von geeigneten psychosozialen Interventionen begleitet sein. Aus diesem Grund ist eine enge Zusammenarbeit zwischen Eltern, Lehrern, medizinischem Personal und Psychologen unbedingt erforderlich. Medikamente sollten im Fall von AD/HS nicht die anfängliche oder einzige Behandlungsform sein.

6 Besondere Erziehungsbedürfnisse

AD/HS und die Überweisung an eine Sonderschule

Man sollte in diesem Fall so sorgfältig wie möglich unter Einbeziehung aller, die mit dem Kind zu tun haben, vorgehen, ganz so wie bei allen ähnlich gravierenden Schulproblemen auch.

Generell sollte ein Schulpsychologe hinzugezogen werden. Liegt der Verdacht auf AD/HS vor, ohne jedoch von einem Arzt diagnostiziert worden zu sein, ist über den Hausarzt noch gesondert Rat einzuholen, gegebenenfalls auch von einem Familienpsychiater.

Ob ein Kind mit AD/HS alle Schritte der Beurteilung und Diagnose an der Schule durchläuft, hängt sowohl von dem Ausmaß der Schwierigkeiten des Kindes ab als auch davon, wie es auf die Maßnahmen reagiert, die ergriffen werden, um diese zu überwinden oder zu lindern.

Bevor die Schule über einen Schulwechsel entscheidet, müssen ausreichende Hinweise dafür vorliegen, dass:

- der Schüler in der Schule weiterhin unangemessenes Verhalten erkennen lässt, obwohl das Schulpersonal ihn beraten und ihm geholfen hat;
- der Schüler trotz einer systematischen Beratung eines Schulpsychologen über einen gewissen Zeitraum hinweg (im Allgemeinen ein Halbjahr) auch weiterhin unangemessenes Verhalten zeigt. Zu diesen Belegen gehört das systematische Beurteilen seines Verhaltens und der Hin-

weis, dass sich sein Verhalten trotz der Interventionen nicht wesentlich geändert hat. Auf jeden Fall sollte das Kind, parallel zu den verschiedenartigen Interventionen, so lange wie möglich in seiner gewohnten Umgebung und Klasse verbleiben.

Für eine Überweisung an eine Sonderschule müssen ausreichende Belege dafür vorliegen, dass die Schwierigkeiten des Kindes bedeutsam und dass sie voraussichtlich langfristiger Art sind und seine Entwicklung oder die anderer Kinder schwer beeinträchtigen. Hinzukommen sollte die Prognose, dass das Kind seine Leistungen in der normalen Schulsituation nicht verbessern kann, in seiner sozialen Entwicklung zurückbleibt und seine erwiesene Unfähigkeit, sich im »normalen Rahmen« zu integrieren.

Die Erziehungsberatungsstelle kümmert sich um Kinder mit AD/HS, bei denen die Notwendigkeit einer Sondererziehung festgestellt wurde, je nach Umfang und Beschaffenheit der Schwierigkeiten und je nachdem, ob beim Kind noch weitere besondere Bedürfnisse vorliegen, die nicht das Resultat von AD/HS sind.

Das Folgende sollte bei jedem Interventionsprogramm oder zur Verbesserung einer Beurteilung an der Schule grundsätzlich vorgesehen sein:

• Das gesamte Schulpersonal muss über Ursache und Beschaffenheit von AD/HS aufgeklärt sein.
• Es müssen anerkannte Verfahren für den Umgang mit den Symptomen von AD/HS vorliegen.
• Es muss eine enge Zusammenarbeit mit den Eltern des Kindes und Verständnis für ihre Schwierigkeiten geben.

7 Eltern und der Prozess von Beurteilung und Intervention

Eltern wissen am besten über ihre Kinder Bescheid. Es fällt ihnen manchmal vielleicht schwer zu akzeptieren, dass ihr Kind Mühe in der Schule hat und sich entsprechende Probleme ergeben. Aber natürlich wissen sie, dass ihr Kind schulische Probleme hat und sind sich darüber hinaus seines unakzeptablen Verhaltens, wenn vorhanden, bewusst. Auch haben sie vermutlich schon enorm viel Zeit und Energie darauf verwendet, Gründe für die Probleme ihres Kindes zu finden, und dürften über die Aufmerksamkeitsdefizit-/Hyperaktivitätsstörung bereits bestens informiert sein. Aus diesem Grund empfinden Eltern es vermutlich auch als sehr wichtig und entscheidend, dass man sich die Zeit nimmt, ihnen zuzuhören und auf das von ihnen Gesagte einzugehen.

Eltern meinen oft, dass das Verhalten ihres Kindes ihre Schuld ist, wobei ihnen genau dies häufig von denen zu verstehen gegeben wird, an die sie sich um Hilfe und Rat gewandt haben. Wenngleich AD/HS nicht die Folge von schlechter Erziehung durch die Eltern ist, lässt die Symptomatik die Eltern oft unfähig *erscheinen*, sodass sie sich letztlich auch so *vorkommen*.

AD/HS kann zerstörerische Auswirkungen auf eine Familie haben. Die Beziehungen innerhalb der Familie werden angespannt, in extremen Fällen bricht sie auseinander. Die Eltern können sich manchmal nicht über die beste Art des Umgangs mit ihrem Kind einigen und beschuldigen sich gegenseitig offen oder im Geheimen für die vermeintlichen Erziehungsdefizite. Das führt unter Umständen zum Auseinanderbrechen einer Ehe.

Im Allgemeinen fällt die gesamte Last aller Probleme im Zusammenhang mit diesem Zustand der Mutter zu. Sehr oft ist sie es, die sich mit der Schule auseinander setzen muss, ebenso wie mit den Reaktionen weiterer Familienangehöriger, von Freunden und Menschen in der Umgebung. Sie muss die Beurteilungskriterien hinterfragen und außerdem mit dem AD/HS-Kind auch zu Hause noch zurechtkommen.

Geschwister nutzen das Kind mit AD/HS möglicherweise als willfähriges Objekt, indem sie es anstacheln, necken und herausfordern. Oder sie sind eifersüchtig auf die Aufmerksamkeit, die dem Bruder oder der Schwester zuteil wird, und nehmen es übel, dass ihm oder ihr ein Verhalten nachgesehen wird, das sie sich nicht erlauben dürfen.

Professor Martin Herbert, beratender klinischer Psychologe bei den Exeter Clinical and Community Psychology Services, sagt dazu, dass alle Personen rund um jemanden mit AD/HS »angelernte Hilflosigkeit« erwerben, was insbesondere für die Eltern gilt. Selbst wenn sie Rat von anderen Eltern, Freunden, Lehrern und anderen angenommen haben, stellen sie fest, dass nichts über längere Zeit hinweg hilft (Herbert 1996).

Den Eltern fällt es auch extrem schwer zu beschreiben, wo genau das Problem liegt. Denn alle Kinder zeigen gelegentlich etwas von dem Verhalten, das man bei Kindern mit AD/HS sieht, aber nicht alles auf einmal jeden Tag und die ganze Zeit über!

Viele Eltern sind erschöpft, wenn bei einem Kind schließlich AD/HS diagnostiziert wird. In einigen Fällen haben sie sich mehrere Jahre lang vergeblich darum bemüht, jemanden zu finden, der ihnen sagt, warum ihr Kind so schwierig ist. Möglicherweise fühlen sie sich von allen im Stich gelassen und haben Mühe, ihrem eigenen Urteil und dem von Fachleuten zu trauen, die ihnen zu helfen versuchen. Ebenso sind sie unter Umständen verärgert und frustriert und nehmen es übel, dass es so lange gedauert hat, bis eine Ursache gefunden wurde.

Eltern brauchen Zuspruch, Hilfe und Unterstützung, wenn es um diesen Zustand geht. Deshalb sollten Schulen Richtlinien für den Umgang auch mit Eltern aufstellen. Es muss jede Anstrengung gemacht werden, damit die Kommunikation zwischen allen Betroffenen offen, aufrichtig und ehrlich bleibt. Stress und Belastungen für Eltern mit Kindern mit AD/HS sind unbedingt zu berücksichtigen. Bei AD/HS stellen die Eltern ihr eigenes Urteil in Frage, deshalb brauchen sie jemanden, von dem sie meinen, er »stehe auf ihrer Seite« und kenne sich auf diesem Gebiet aus.

Die Forschung zeigt zunehmend, dass AD/HS nicht nur erblich ist, sondern dass viele Menschen Merkmale dieses Zustands mit in ihr Erwachsenenleben nehmen. Das bedeutet, dass bei vielen Kindern mit AD/HS möglicherweise ein Elternteil oder beide immer noch unter den verschiedenen Aspekten der Symptomatik leiden, wenn auch mit geringerer Heftigkeit. Das Leben zu Hause dürfte dann eher chaotisch sein, und solche Familien sind dann meistens nicht in der Lage, die empfohlenen Strategien auch durchzusetzen. Schwierigkeiten können auch aufgrund von unangemessenen sozialen und kommunikativen Fähigkeiten entstehen. In solchen Fällen ist von einer Familienberatung Gebrauch zu machen.

8 Richtlinien für eine angemessene Verfahrensweise im Umgang mit AD/HS

1 Dieses Buch beruht auf der Anerkennung des Begriffs Aufmerksamkeitsdefizit-/Hyperaktivitätsstörung (AD/HS) gemäß den von der »American Psychiatric Association« (APA) im DSM IV (dem diagnostischen und statistischen Handbuch psychischer Störungen) festgelegten Kriterien (siehe Anhang A). Allerdings wird die Diagnose manchmal etwas zu locker gestellt, ebenso wie die darauf beruhende Einstufung, wo doch Strenge und sorgfältiges Erwägen beim Bewertungs- und Diagnoseprozess von größter Bedeutung sind. Es sollten also unabhängige Gutachten erarbeitet werden, die gültige, zuverlässige Daten aus mindestens zwei Bereichen enthalten.

2 Idealerweise sollte die ärztliche Diagnose eine begleitende psychologische Beurteilung entweder von Seiten eines klinischen oder eines Schulpsychologen berücksichtigen. Jede Intervention sollte von psychologischer Betreuung begleitet sein. Ebenso sollten Komorbiditäten mit AD/HS als Teil der Diagnose und des Interventionsprozesses mitberücksichtigt werden.

3 Eine psychologische Bewertung steht immer in einem engen Zusammenhang mit den Strategien zur Lösung der Probleme. Nur wenn seitens der Schule deutliche Hinweise auf ein Verhalten im Sinne von AD/HS vorliegen, sollte ein vollständiges kognitives Profil erhoben werden.

4 Wirksames Eingreifen bei Kindern mit AD/HS hängt von der engen Zusammenarbeit zwischen Lehrern, Schülern und Eltern ebenso wie von dem Hinzuziehen anderer Fachleute ab. Eingriffe sollten deutlich definiert sein und klare Ziele und feste Strategien umfassen; sie sollten die Eltern mit einbeziehen und auch die Voraussetzungen für eine Bewertung enthalten.

5 Wenn Eltern und Lehrer am Erstellen eines individuellen Erziehungsplanes arbeiten, sind Fragen wie Durchführung, Überwachung und ständige Rückmeldung über die persönliche Entwicklung des Kindes zu berücksichtigen; außerdem müssen dem Plan Eltern, Lehrer und Schüler und jeder, der am Programm beteiligt ist, zustimmen. Zusammenarbeit und Informationsaustausch bilden die Grundlage jedes erfolgreichen Interventionsprogramms.

6 Die Bedürfnisse der Kinder mit AD/HS schwanken, es gibt Kinder, die lediglich zu einem bestimmten Zeitpunkt ihres Schullebens ein wenig Hilfe benötigen, und es gibt Kinder, bei denen komplizierte, nachhaltige Lernschwierigkeiten vorliegen, die eine intensivere Unterstützung notwendig machen.

> Es wird vorausgesetzt, dass die meisten Kinder mit AD/HS nicht auf eine Sonderschule überwiesen werden. Den meisten Schülern mit AD/HS sollte in einer ganz normalen Schule geholfen werden, an der sie an allen Unterrichtsinhalten des gängigen Lehrplans teilnehmen können.

7 Eine geänderte Form des Unterrichts in der Klasse und/oder seiner Durchführung hat sich als wirkungsvolles

Instrument im Umgang mit den Aufmerksamkeitsproblemen von Schülern erwiesen. Erst wenn diese Möglichkeiten angemessen berücksichtigt wurden, sollten andere Faktoren und/oder Eingriffe ins Auge gefasst werden.

8 Lehrer müssen für einen erfolgreichen Unterricht von Schülern mit AD/HS angemessene Unterrichtsmethoden und pädagogische Konzepte anwenden. Diese Kompetenzen sind nicht von gutem Unterrichten zu trennen und sollten eigentlich Bestandteil jeder Unterrichtspraxis sein.

9 Es muss für eine Schulpolitik gesorgt werden, die die Anstrengungen der Schule im Umgang mit AD/HS und verwandten Problemen unterstützt. Man kann von Lehrern nicht erwarten, dass sie allein mit diesen Problemen zurechtkommen.

10 Damit Erzieher effektiv mit Schülern mit AD/HS umgehen können, müssen eine Reihe von Voraussetzungen schon in der Ausbildung und auch in der Schulpraxis seitens der Lehrer und des Schulpersonals erfüllt werden. Zu diesen Voraussetzungen gehören:

- das Vertrautsein des Lehrers mit spezifischen Unterrichtsstrategien, um einem Schüler mit AD/HS zu helfen;
- die Kenntnis von Strategien zur Änderung kognitiver Stile und des Verhaltens;
- ein Programm für das Training von sozialen Fähigkeiten;
- Fähigkeiten zu gemeinsamer Konsultation, zur Zusammenarbeit mit anderen Fachleuten, den Eltern und anderen Betreuern.

11 Wenngleich Medikamente für ein erfolgreiches Behandlungsprogramm wesentlich sein können, sollten sie nicht als erste Maßnahme oder als einzige Behandlung ohne andere pädagogische oder psychologische Förderprogramme verabreicht werden. Eine medikamentöse Behandlung kann nur zusammen mit anderen Formen der Intervention erfolgen, deren Ziel es ist, dem Kind zu helfen, Fähigkeiten, Einstellungen und Verhalten zu entfalten, die es ihm gestatten, mit den Anforderungen des täglichen Lebens zurechtzukommen. Tabletten allein sind kein Ersatz oder Selbstzweck für den Aufbau von Fähigkeiten bei der Behandlung von AD/HS.

12 Der Gebrauch von Medikamenten zusätzlich zum Verhaltenstraining sollte nur nach Empfehlung eines Arztes erfolgen, der Erfahrung im Umgang mit Kindern mit AD/HS hat (zum Beispiel ein Kinderfacharzt oder Kinderpsychiater). Dazu ist überdies eine laufende Überwachung erforderlich. Es wird empfohlen, Medikamente nur als Bestandteil einer gemeinsamen Betreuungsinitiative des Kindes zu verschreiben.

13 Wenngleich Psychologen und Lehrer ihren Beitrag zum Beratungsprozess leisten müssen, sollte die endgültige Entscheidung in Bezug auf Medikamente nur von einem praktischen Arzt nach Beratung mit Eltern und dem Kind getroffen werden und nicht von Psychologen oder Lehrern.

14 Auch wenn das Schulpersonal nach dem Gesetz nicht verpflichtet ist, Medikamente zu geben oder einen Schüler bei ihrer Einnahme zu überwachen, obliegt es Lehrern und Schulpersonal, sich so zu verhalten wie alle relativ umsichtigen Eltern, um Gesundheit und Sicherheit ihrer Schüler zu gewährleisten. Das Schulpersonal sollte allerdings selbst – und das ist eine allgemeine Regel – keine Medikamente verabreichen, ohne vorher angemessene Informationen und/oder Anleitung erhalten zu haben. Dieses sollte von einem Arztbrief begleitet sein, in dem der (Haus-)Arzt klare Anweisungen erteilt, wenn von den Lehrern erwartet wird, die Einnahme von Medikamenten in der Schule zu überwachen.

15 Nicht alle Kinder mit der Diagnose AD/HS benötigen Medikamente oder möchten sie einnehmen. Umgekehrt bedeuten Medikamente für AD/HS nicht unbedingt, dass die Diagnose AD/HS vorliegt. Die Wirksamkeit des Mittels lässt nicht unbedingt auf eine Diagnose schließen.

16 Medikamente sollten anfangs nur für eine Versuchszeit verschrieben und gleichzeitig die Schulleistung sowie die Zeit ohne Medikamente überwacht werden, um Verhalten und Lernen erneut zu bewerten.

17 Die Kommunikation mit Lehrern oder dem Schulpsychologen an der Schule trägt entscheidend zu einer verbesserten Bewertung einer medikamentösen Behandlung bei.
Der praktische Arzt sollte sich an die Pädagogen wenden, um entsprechende Belege aus der Schule zu sammeln, denn es wird ihm bei der objektiven Beurteilung einer Behandlung mit Medikamenten helfen. Ebenso sollte der Arzt weitere Informationen von der Schule anfordern und sie auch erhalten, damit er die Auswirkungen von Medikamenten auf den emotionalen, körperlichen, kognitiven und Verhaltenszustand des Kindes überwachen kann.

18 Die Überwachung der Behandlung mit Medikamenten an einer Schule muss diskret erfolgen. Viele Kinder, insbesondere Jugendliche, möchten nicht, dass ihre Klassenkameraden davon erfahren und lehnen Medikamente aufgrund des Drucks durch Gleichaltrige ab.

19 Alle Betroffenen müssen sich der Tatsache bewusst sein, dass Medikamente möglicherweise als Hilfsmittel betrachtet werden, die einfach zu verabreichen sind und sofort Resultate zeigen, die aber unter Umständen Symptome verdecken, die auf andere Ursachen zurückgehen.

20 Die Schule sollte für klare Richtlinien sorgen, in die Personal, Eltern und Schüler einbezogen sind, und die eindeutig darauf hinauslaufen, dass alle Schüler, die einer medizinischen Betreuung bedürfen, diese an der Schule auch erhalten und von ihr darin unterstützt werden. Schulen sollten keinerlei Urteil in Bezug auf die Art von Medikamenten fällen, die verschrieben werden.

21 Eltern ziehen Nutzen daraus, wenn sie schrittweise gegliederte Richtlinien erhalten, wie sie am besten vorgehen. Solche Informationen sollte klar, verständlich und stets griffbereit sein und folgendes beinhalten:

- an wen die Eltern sich als Erstes wenden sollten;
- welche Fragen sie stellen sollten;
- welche Informationen sie der Schule, ihrem Hausarzt, dem Spezialisten und so fort mitteilen müssen;
- Richtlinien, wie entsprechende Diagnosen zu bewerten sind und die darauf folgenden therapeutischen Maßnahmen, ihre zeitliche Dauer bzw. die zeitliche Limitierung für jeden Behandlungsschritt;
- Informationen über landesweite Selbsthilfegruppen und solche am Ort selbst.

22 Viele Eltern glauben irgendwann einmal, dass ihnen bei jedem Schritt Informationen vorenthalten werden. Das steigert ihr Gefühl von Frustration und Hilflosigkeit. Nützlich und von Vorteil ist ein System, bei dem jeder Beteiligte, einschließlich der Eltern, einen »Fortschrittsbericht« erhält. Wenn überdies ein Formular oder Frage-

bogen so gestaltet ist, dass er schnell und leicht ausge-
füllt werden kann, kann man ihn auch bei nahezu jeder
Gelegenheit austeilen.

23 Möglicherweise muss das Sozial- oder Jugendamt Familien mit einem Kind, das schwere AD/HS-Symptome aufweist, unter die Arme greifen.

24 Gespräche zwischen allen Fachleuten ebenso wie mit
den Eltern sollten regelmäßig stattfinden, konstruktiv
und vertraulich gestaltet sein und die Betreuung, das
Wohlergehen und den langfristigen Umgang mit dem
Kind, bei dem AD/HS diagnostiziert wurde, zum Ziel
haben.

Anhang A
Diagnostische Kriterien

DSM-IV-Kriterien (Diagnostisches und statistisches Handbuch psychischer Störungen) für die Aufmerksamkeitsdefizit-Hyperaktivitätsstörung

A. Entweder (1) oder (2) müssen zutreffen:

(1) Sechs (oder mehr) der folgenden Symptome für Unaufmerksamkeit sind während der letzten sechs Monate beständig in einem mit dem Entwicklungsstand des Kindes nicht zu vereinbarenden und unangemessenen Ausmaß vorhanden gewesen:

Unaufmerksamkeit

(a) beachtet häufig Einzelheiten nicht oder macht Flüchtigkeitsfehler bei den Hausarbeiten, bei der Arbeit oder bei anderen Tätigkeiten;

(b) hat oft Schwierigkeiten, längere Zeit die Aufmerksamkeit bei Aufgaben oder beim Spielen aufrechtzuerhalten;

(c) scheint häufig nicht zuzuhören, wenn andere ihn/sie ansprechen;

(d) führt häufig Anweisungen anderer nicht vollständig durch und kann Hausarbeiten, andere Arbeiten oder Pflichten am Arbeitsplatz nicht zu Ende bringen (nicht aufgrund oppositionellen Verhaltens oder Verständnisschwierigkeiten);

(e) hat häufig Schwierigkeiten, Aufgaben und Aktivitäten zu organisieren;

(f) vermeidet häufig, hat eine Abneigung gegen oder beschäftigt sich häufig nur widerwillig mit Aufgaben, die länger andauernde geistige Anstrengungen erfordern (wie Mitarbeit im Unterricht oder Hausaufgaben);

(g) verliert häufig Gegenstände, die er/sie für Aufgaben oder Aktivitäten benötigt (zum Beispiel Spielsachen, Hausaufgabenhefte, Stifte, Bücher oder Werkzeug);

(h) lässt sich öfter durch äußere Reize leicht ablenken;

(i) ist bei Alltagstätigkeiten häufig vergesslich.

(2) Sechs (oder mehr) der folgenden Symptome der Hyperaktivität und Impulsivität sind während der letzten sechs Monate beständig in einem mit dem Entwicklungsstand des Kindes nicht zu vereinbarenden und unangemessenen Ausmaß vorhanden gewesen.

Hyperaktivität

(a) zappelt häufig mit Händen oder Füßen oder rutscht auf dem Stuhl herum;

(b) steht in der Klasse oder in anderen Situationen, in denen Sitzenbleiben erwartet wird, häufig auf;

(c) läuft häufig herum oder klettert exzessiv in Situationen, in denen dies unpassend ist (bei Jugendlichen oder Erwachsenen kann dies auf ein subjektives Unruhegefühl beschränkt bleiben);

(d) hat häufig Schwierigkeiten, ruhig zu spielen oder sich mit Freizeitaktivitäten ruhig zu beschäftigen;

(e) ist häufig »auf Achse« oder handelt oftmals, als wäre er/sie »getrieben«;

(f) redet häufig übermäßig viel.

Impulsivität

(g) platzt häufig mit den Antworten heraus, bevor die Frage
     zu Ende gestellt ist;

(h) kann nur schwer warten, bis er/sie an der Reihe ist;

(i) unterbricht und stört andere häufig (platzt zum Beispiel
     in Gespräche oder in Spiele anderer hinein).

B. Einige Symptome der Hyperaktivität/Impulsivität oder
Unaufmerksamkeit, die Beeinträchtigungen verursachen, treten bereits vor dem Alter von sieben Jahren auf.

C. Beeinträchtigungen durch diese Symptome zeigen sich in
zwei oder mehr Bereichen (zum Beispiel in der Schule bzw.
am Arbeitsplatz und zu Hause).

D. Es müssen deutliche Hinweise auf klinisch bedeutsame
Beeinträchtigungen der sozialen, schulischen oder beruf-
lichen Funktionsfähigkeit vorhanden sein.

E. Die Symptome treten nicht ausschließlich im Verlauf einer
tiefgreifenden Entwicklungsstörung, Schizophrenie oder einer anderen psychotischen Störung auf und können auch
nicht durch eine andere psychische Störung besser erklärt
werden (z.B. affektive Störung, Angststörung, dissoziative
Störung oder eine Persönlichkeitsstörung).

(Nachdruck aus dem *Diagnostic and Statistical Manual of Mental Disorders*/Diagnostisches und statistisches Handbuch psychischer Störungen, 4. Auflage. Mit freundlicher Genehmigung des Hogrefe Verlages, Göttingen, Bern, Toronto, Seattle. © Hogrefe 1998)

Anhang B

Checkliste des Arztes für seine Patienten

Name:

Geburtsdatum:

Gegenwärtiges Alter:

Geschlecht: m □ w □

Datum der Beurteilung:

Arzt-Patienten-Verhältnis:

Anweisung: Diese Checkliste von Fragen sollte mit Eltern von Kindern, die Stimulanzien einnehmen, regelmäßig durchgegangen werden.

1. Welche Dosis haben Sie dem Kind im Verlauf des vergangenen Monats regelmäßig gegeben?

Medikament:

Dosis:

2. Haben Sie in diesem Monat eine der folgenden Nebenwirkungen festgestellt?
□ Verlust von Appetit/Gewicht
□ Schlaflosigkeit

☐ Gereiztheit am späten Morgen oder Spätnachmittag
☐ ungewöhnliches Weinen
☐ Ticks oder nervöse Angewohnheiten
☐ Kopf-/Magenschmerzen
☐ Traurigkeit
☐ Ausschlag
☐ Schwindelgefühl
☐ dunkle Ringe unter den Augen
☐ Ängstlichkeit
☐ Zurückziehen vom sozialen Leben
☐ Schläfrigkeit
☐ Angst

3. Wenn ja, beschreiben Sie, wie oft und wann die Nebenwirkungen aufgetreten sind.

_____

_____

_____

_____

_____

_____

_____

4. Haben Sie vor kurzem mit dem Lehrer des Kindes gesprochen? Wie sieht die Leistung des Kindes in der Schule aus?

_____

_____

_____

_____

_____

_____

_____

5. Hat sich Ihr Kind über die Einnahme des Medikamentes beklagt oder seine Einnahme vermieden?

_____

_____

_____

_____

_____

_____

_____

6. Hat sich etwas im Verhalten Ihres Kindes seit dem letzten Gespräch verändert? Wenn ja, was hat sich anscheinend geändert?

_____

_____

_____

_____

_____

_____

_____

7. Sind allgemeine Gesundheit, Wachstum (Körpergröße und Gewicht) und Blutdruck des Kindes zufrieden stellend?

_____

_____

_____

_____

_____

_____

_____

8. Hat das Kind Probleme mit der Einnahme des Medikamentes in der Schule gehabt?

_____

_____

_____

_____

_____

_____

_____

Bearbeitet nach: *Hyeractive Children: A Handbook for Diagnosis and Treatment*/Hyperaktive Kinder: Ein Handbuch für Diagnose und Behandlung von R.A. Barkley, Guilford Press, New York 1981.

Anhang C

Information aus Nachuntersuchungen (Follow-up-Studien)

Name:

Geburtsdatum:

Gegenwärtiges Alter:

Geschlecht: m ☐ w ☐

Verabreichtes Medikament (einschließlich Dosierung und Häufigkeit):

_____

_____

_____

Geben Sie die Häufigkeit der unten angeführten Verhaltensmuster im Zusammenhang mit der Wirkung des Medikamentes an:

Verhalten	Häufigkeit			Wirkung des Medikamentes		
Leitsymptome	nie	manch- mal	häufig	besser	keine Besse- rung	schlech- ter
Apathisch oder gelangweilt	☐	☐	☐	☐	☐	☐
Führt eine Arbeit nicht bis zum Ende aus	☐	☐	☐	☐	☐	☐

Verhalten	Häufigkeit			Wirkung des Medikamentes		
Leitsymptome	nie	manch-mal	häufig	besser	keine Besse-rung	schlech-ter
Flüchtigkeitsfehler	☐	☐	☐	☐	☐	☐
Mühe, Anweisungen zu befolgen	☐	☐	☐	☐	☐	☐
Mühe, Aufgaben/Aktivitäten zu organisieren	☐	☐	☐	☐	☐	☐
Leicht abgelenkt	☐	☐	☐	☐	☐	☐
Unruhig und zappelig	☐	☐	☐	☐	☐	☐
Platzt übermäßig heraus	☐	☐	☐	☐	☐	☐
Mühe, mit anderen zu arbeiten	☐	☐	☐	☐	☐	☐
Aggressiv	☐	☐	☐	☐	☐	☐
Befolgt keine Regeln	☐	☐	☐	☐	☐	☐
Nebenwirkungen						
Appetitverlust	☐	☐	☐	☐	☐	☐
Schlaflosigkeit	☐	☐	☐	☐	☐	☐
Weinerlich	☐	☐	☐	☐	☐	☐
Gereizt	☐	☐	☐	☐	☐	☐
Nervös	☐	☐	☐	☐	☐	☐
Angst	☐	☐	☐	☐	☐	☐
Schläfrig	☐	☐	☐	☐	☐	☐
Traurig	☐	☐	☐	☐	☐	☐
Kopfschmerzen	☐	☐	☐	☐	☐	☐

Zusätzliche Bemerkungen:

_____

_____

_____

_____

_____

_____

_____

_____

_____

_____

Körperliche Untersuchung

Körpergröße:

Gewicht:

Blutdruck:

Puls:

Positive Befunde:

_____

_____

_____

_____

_____

_____

_____

_____

_____

_____

_____

Anhang D
Informationsblatt für Eltern über AD/HS

Sicherheitsvorschläge für Ihr Kind

Bei den meisten Kindern mit AD/HS kommt es häufiger zu Vergiftungen und Krankenhausbesuchen als bei anderen Kindern. Ihr Kind ist vielleicht wegen mehrerer der folgenden Gründe stärker unfallgefährdet:

- Ihr Kind ist impulsiv und läuft zum Beispiel auf die Straße, ohne sich umzublicken.
- Ihr Kind hat anscheinend keine Angst, zum Beispiel vom Vordach der Veranda zu springen.
- Das Kind isst oder trinkt möglicherweise etwas Giftiges.

Sie müssen zu jeder Zeit wissen, was Ihr Kind gerade treibt. Ergreifen Sie Schritte, um Haus und Garten weitgehend kindersicher zu machen.

1. Das Kind von nahem beobachten, wenn es draußen spielt. Glas, Felsbrocken und andere scharfe Gegenstände vom Spielbereich Ihres Kindes fern halten. Abfalleimer sichern. Bitten Sie auch Ihre Nachbarn, Ihr Kind im Auge zu behalten.
2. Medikamente, Putzmittel und andere Gifte so gut verschließen, dass auch das entschlossenste Kind nicht an sie herankommt.
3. Alle Steckdosen abdecken.
4. Schiebetüren aus Glas mit großen farbigen Stickern versehen.

5. Haben Sie ein Schwimmbecken, sorgen Sie für eine gute Absicherung rund um das Becken. Das Kind nie unbeaufsichtigt im Schwimmbeckenbereich lassen.
6. Wertvolle Gegenstände schützen. Glasfiguren, Porzellan und Schmuck außer Reichweite des Kindes aufbewahren.
7. Die Kordeln von Rollläden oder Vorhängen fest verknoten. Sie dürfen nicht lose herabhängen.
8. Elektrische Geräte, Messer und Geräte in einem verschließbaren Schrank in einem Bereich verstauen, in dem das Kind nicht spielt.
9. Lose Kabel sichern, damit Ihr Kind nicht darüber stolpert.
10. Spielzeug so auswählen, dass es starke Benutzung verträgt.

Erinnern Sie sich stets daran, Ihr Kind zu loben, wenn es sicher spielt: »Gut gemacht! So geht man richtig mit der Schere um!« Auf andere Kinder hinweisen, die sicher spielen.

Mit dem Kind in der Öffentlichkeit

1. Soziale Situationen voraussehen, die schwierig sein können. Langweilt sich Ihr Kind und macht es Schwierigkeiten?
2. Bevor Sie sich in solch eine Situation begeben:
    • wiederholen Sie mit ihm noch einmal Ihre ständigen Regeln,
    • einigen Sie sich mit Ihrem Kind auf eine Belohnung für gutes Verhalten,
    • sagen Sie klipp und klar, welche Folgen Ungehorsam hat.

3. Lassen Sie Ihr Kind die Regel, Folge und Belohnung wiederholen, um sicherzustellen, dass es sie verstanden hat und sich daran erinnert.

4. Das Kind in der betreffenden Situation positiv an die Belohnung erinnern. Drohen Sie dem Kind nicht. (Also anstelle von: »Wenn du dich jetzt danebenbenimmst, bekommst du keine …«, sondern: »Wenn du dich erinnerst …, bekommst du …«)

5. Die Belohnung geben, sobald der öffentliche Bereich verlassen wurde. Hier ein Beispiel:

   Vorgreifen: Sie müssen das Kind mit ins Lebensmittelgeschäft nehmen. Sie wissen, dass es Ihrem Kind schwer fällt, an der Kasse in einer Reihe zu warten, und dass es dann immer nach Süßigkeiten greift.

   An die Regel erinnern: »Wenn wir in der Schlange stehen – Hände still halten. Ich möchte, dass du mein Portmonee hältst, während ich zahle.«

   Belohnung versprechen: »Wenn du die Hände still hältst, gehen wir am Ententeich vorbei und füttern die Enten.«
   An die Folge erinnern: »Wenn du Süßigkeiten nimmst, gibt es kein Entenfüttern.« *Lassen Sie das Kind wiederholen*: »Hände still halten. Ich darf die Enten füttern, wenn ich meine Hände still halte.«

   Beim Einkauf positiv an die Belohnung erinnern: »Toll, dass wir gleich die Enten füttern gehen!«

   Ihr Kind sofort belohnen: Vom Geschäft geht es direkt zum Ententeich. Sagen Sie dabei: »Wenn du dich an die Regel hältst, gibt es lauter schöne Dinge.«

6. Wenn Ihr Kind anscheinend die Regel vergisst, machen sie es auf etwas anderes aufmerksam und weisen Sie noch einmal positiv auf die Belohnung hin.

   Versuchen Sie es damit: »Oh, sieh mal! Da ist eine Ente auf der Kiste. Meinst du, dass wir auch gleich so eine Ente sehen?«

   Anstelle von: »Benimm dich, sonst gibt es keine Enten.«

7. Den Ausdruck »Lass das!« vermeiden. Immer etwas Positives sagen, während Sie Ihr Kind zu dem von Ihnen Erwarteten lenken.

   Versuchen Sie es damit: »Ich möchte deine Hände auf dem Tisch sehen.«

   Anstelle von: »Fass nicht die Pflanze an!«

8. Ihr Kind immer beschäftigten. Wenn Ihr Kind ruhig warten muss, nehmen Sie etwas Besonderes zum Spielen mit. Für diesen Zweck sollten Sie in Ihrem Wagen immer eine Kiste mit kleinem Spielzeug und Büchern vorrätig haben.

9. Für Ausgewogenheit zwischen strukturierten und unstrukturierten Aktivitäten sorgen. Dabei sollten Sie sich daran erinnern, dass Ihr Kind nur für kurze Zeit an einer formalen Aktivität »im Sitzen« teilnehmen kann.

10. Lernen Sie, Ärger vorauszusehen. Wenn Sie sehen, dass Ihr Kind in einer Situation die Kontrolle verliert, greifen Sie sofort ein. Lenken Sie Ihr Kind ab, damit es sich wieder fängt. Unternehmen Sie nichts, was überaktives Verhalten fördert.

11. Kümmern Sie sich um sich selbst! Manchmal müssen Sie in einer schwierigen Situation Abstand gewinnen, um sich zu beruhigen. Haben Sie in der Nähe eine Freundin oder Nachbarin, die bereit ist, sich kurzfristig um Ihr Kind zu kümmern, und sei es auch nur für zehn Minuten? Halten Sie sich stets vor Augen, was Sie tun und welche Fortschritte Ihr Kind macht. *Alles* hängt von Ihrer Anstrengung ab.

Literatur

Englischsprachig:

Aschenbach, T.M.: *Manual for the Child Behaviour Checklist and Revised Child Behaviour Profile.* University of Vermont, Department of Psychiatry, Burlington 1991.

American Academy of Child and Adolescent Psychiatry: »Practice parameters for the assessment and treatment of children, adolescents and adults with attention deficit/hyperactivity disorder«, in: *Journal of American Academy of Child and Adolescent Psychiatry*, 1997. Nr. 36, 10, S. 855-1205.

American Psychiatric Association: *Diagnostic and Statistical Manual of Mental Disorders*, 4. Aufl. American Psychiatric Press, Washington, D.C. 1994.

August, G.J.: »Production deficiencies in free recall: A comparison of hyperactive, learning-disabled and normal children«, in: *Journal of Abnormal Child Psychology*, 1987. Nr. 15, S. 429-440.

Barkley, R.: *Hyperactive Children: A Handbook for Diagnosis and Treatment.* Guilford Press, New York 1981.

Ders.: *Attention-Deficit Hyperactivity Disorder: A Clinical Workbook.* Guilford Press, New York 1991a.

Ders.: »The ecological validity of laboratory and analogue assessment methods of ADHD symptoms«, in: *Journal of Abnormal Child Psychology*, 1991b. Nr. 19, S. 149-178.

Ders.: *Taking Charge of ADHD*, Guilford Press, New York 1995a.

Ders.: »Can neuropsychologcal tests help diagnose ADD/ADHD?«, in: *The ADHD Report*, 1995b. Nr. 2, 1, S. 1-3.

Ders.: »Attention Deficit Hyperactivity disorder«, in: Marsh, E. J./Barkley, R. (Hg.) *Child Psychopathology*, Guilford Press, New York 1996.

Ders.: *ADHD and the Nature of Self-Control*, Guilford Press, New York 1997.

Ders.: *Attention Deficit Hyperactivity Disorder: A Handbook for Diagnosis and Treatment*, 2. Auflg. Guilford Press, New York 1998.

Berkley, R./DuPaul, G. H./MacMurray, M. B.: »A comprehensive evaluation of attention deficit disorder with and without hyperactivity as defined by research criteria«, in: *Journal of Consulting and Clinical Psychology*, 1990. Nr. 58, S. 775-789.

Biederman, J./Faraone, S. V./Doyle, A./Lehman, B. K./Kraus, I./Perrin , J./Tsuang, M. T.: »Convergence of the Child Behaviour Checklist with structured interview-based psychiatric diagnosis of ADHD children with and without comorbidity«, in: *Journal of Child Psychology and Psychiatry*, 1993. Nr. 34, 7, S. 1241-1251.

Borcherding, B./Thompson, K./Kruesi, M./Bartko, J./Rapoport, J./Weingartner, H.: »Automatic and effortful processing in attention deficit / hyperactivity disorder«, in: *Journal of Abnormal Child Psychology*, 1988. Nr. 16, S. 333-345.

Braswell, L./Bloomquist, M. L.: *Cognitive Behavioural Therapy with ADHD Children*, Guilford Press, New York 1991.

British Psychological Society: *Attention Deficit Hyperactivity Disorder (ADHD): A Psychological Response to an Evolving Concept*, British Psychological Society, Leicester 1996.

Brown, T. E.: *New Brown Attention-Deficit Disorder Scales (Brown ADD Scales)*, The Psychological Corporation, New York 1997.

Castellanos, F. C./Giedd, J. N./Marsh, W. L./Hamburger, S. D./Vaituzis, A. C./Dickstein, D. P./Sarfatti, S. E./Vauss, Y.

C./Snell, J. W./Lange, N./Kaysen, D./Ritchie, A. L./G. F./Rajapakse, J. C./Rapoport, J. L.: »Quantitive brain magnetic resonance imaging in Attention-Deficit Hyperactivity Disorder«, in: *Archives of General Psychiatry*, 1996. Nr. 53, S. 607-616.

Cohen, M./Becker, M. G./Campbell, R.: »Relationships among four methods of assessment of children with attention-deficit hyperactivity disorders«, in: *Journal of School Psychology*, 1990. Nr. 28, S. 189-202.

Conners, C. K.: *connors' Rating Scales – Revised*. Multi-Health Systems Inc., Toronto 1997.

Corkum, P./Siegel, L.: »Is the continuous performance task a valuable research tool for use with children with Attention Deficit Hyperactivity Disorder?«, in: *Journal of Child Psychology and Psychiatry*, 1993. Nr. 34, S. 1217-1239.

Dies.: »Debate and argument: Reply to Dr. Koelega: Is the continuous performance task useful in research with ADHD Children? Comments on a review«, in: *Journal of Child Psychology and Psychiatry*, 1995. Nr. 36, 8, S. 1487-1493.

Croll, P.: *Systematic Classroom Observation*. The Falmer Press, London 1986.

Department for Education: *Code of Practice on the Identification and Assessment of Special Educational Needs*, HMSO, London 1994.

Department for Education and Employment (DfEE): *Supporting Pupils with Medical Needs in School*. HMSO, Rundschreiben 14/96, London 1996.

DuPaul, G./Stoner, G.: *ADHD in the Schools. Assessment and Intervention Strategies*. Guilford Press, New York 1994.

Giedd, J. N./Snell, J. W./Lange, N./Rajapakse, J. C./Casey, B. J./Kozuch, P. L./Vaituzis, A. C./Vauss, Y. D./Hamburger, S. D./Kaysen, D./Rapoport, J. L.: »Quantitative magnetic resonance imaging of human brain development: Ages 4-18«, in *Cerebral Cortex*, 1996. Nr. 6, S. 551-560.

Goldstein, S.: *Understanding and Managing Children 's Classroom Behaviour*, John Wiley and Sons, Inc., New York 1995.

Goldstein S./Goldstein, M.: »Attention Deficit / Hyperactivity Disorder in adults«, in: *Directions in Psychiatry*, 1995, Nr. 15, S. 18.

Goldstein, S.: The First European Conference for Health & Education Professional on Attention Deficit / Hyperactivity Disorder: University of Oxford (unveröffentlichtes Manuskript), 1997.

Goodman, R./Stevenson, J.: »A twin study of hyperactivity-II: The aetiological role of genes, family relationships and peri-natal adversity«, in: *Journal of Child Psychology and Psychiatry*, 1989. Nr. 30 (5), S. 691-709.

Hauser, P./Zametkin, A. J./Martinez, P./Vitiello, B./Matochik, J. A./Mixon, A. J. /Weintraub, B. D.: »Attention-deficit hyperactivity disorder in people with generalised resistance to thyroid hormone«, in: *New England Journal of Medicine*, 1993. Nr. 328, S. 997-1001.

Herbert, M.: *Helping Hyperactive Children and their Carers: A Guide for Practitioners, Parents and Teachers*. Kenn: Impact Desktop Publications, Devon 1996.

Hinshaw, S.: »Externalising behaviour problems and academic underachievements in childhood and adolescence: Causal relationships and underlying mechanisms«, in: *Psychological Bulletin*, 1992. Nr. 111, S. 127-155.

Ders.: *Attention Deficit Disorders and Hyperactivity in Children&N*, CA: Sage, Thousand Oaks 1994.

James, W.: *Principles of Psychology*, Encyclopaedia Britannica (ursprüngliche Arbeit 1890 veröffentlicht), London 1990.

Kaufman, A. S.: *Intelligent Testing with The WISC-III*, John Wiley and Sons Inc., New York 1994.

Kendall, P. C./Braswell, L.: *Cognitive-Behavioural Therapy for Impulsive Children*, Guilford Press, New York 1985.

Kewley, G.: »Personal paper: attention deficit hyperactivity disorder is underdiagnosed and undertreated in Britain«, in: *British Medical Journal*, 1998. Nr. 316, S. 1594-1596.

Koelega, H. S.: »Is the continuous performance task useful in research with ADHD children? Comments on a review«, in: *Journal of Child Psychology and Psychiatry*, 1995. Nr. 36, 8, S. 1477-1485.

Palkes, H. S./Stewart, M. A.: »Intellectual ability and performance of hyperactive children«, in: *American Journal of Orthopsychiatry*, 1972. Nr. 42, S. 35-39.

Pelham, W. F./Milich, R.: »Peer relations of children with hyperactivity / attention deficit disorder«, in: *Journal of Learning Disabilities*, 1984. Nr. 17, S. 560-568.

Prendergast, M./Taylor, E./Rapoport, J. L./Bartko, J./Donnelly, M./Zametkin, A./Ahearn, M. B./Dunn, G./Wieselburg, H. M.: »The diagnosis of childhood hyperactivity – A US-UK cross-national study of DSM-III and ICD-9«, in: *Journal of Child Psychology and Psychiatry*, 1988. Nr. 29, S. 289-300.

Richards, I.: »ADHD, ADD and dyslexia«, in: Cooper, P./ Ideus, K. (Hg.): *Attention-Deficit / Hyperactivity Disorder: Educational, Medical and Cultural Issues*. Association of Workers for Children with Emotional and Behavioural Difficulties, Maidstone 1995.

Rosvold, H. E./Mirsky, A. F./Saranson, I./Bransome, E. D./ Beck, L. H.: »A continuous performance test of brain damage«, in: *Journal of Consulting Psychology*, 1956. Nr. 20, S. 343-352.

Schachar, R.: »Childhood hyperactivity«, in: *Journal of Child Psychology and Psychiatry*, 1991. Nr. 32, S. 155-192.

Schwean, V. L./Saklofske, D. H.: »WISC-III assessment of children with Attention Deficit/Hyperactivity Disorder«, in: A. Prifitera / Saklofske, D. (Hg.): *WISC-III: Clinical Use and Interpretation*, Academic Press, New York, 1998.

Sherman, D. K./McGue, M. K./Iacono, W. G.: »Twin concordance for attention deficit hyperactivity disorder: A comparison of teachers ' and mothers ' reports«, in: *American Journal of Psychiatry*, 1997. Nr. 154, S. 532-535.

Sonuga-Barke, E./Lamparelli, M./Stevenson, J./Thompson, M./Henry, A.: »Behaviour problems and pre-school intellectual attainment: The associations of hyperactivity and conduct problems«, in: *Journal of Child Psychology and Psychiatry*, 1994. Nr. 35, S. 949-960.

Sonuga-Barke, E./Goldfoot, M.: »The effect of child hyperactivity on mothers ' expectations for development«, in: *Child Care, Health and Development*, 1995. Nr. 21, 1, S. 17-29.

Tannock, R.: »Attention deficit hyperactivity disorder: advances in cognitive, neurobiologcial, and genetic research«, in: *Journal of Child Psychology and Psychiatry*, 1998. Nr. 29, S. 289-300.

Tant, J. L./Douglas, V. I.: »Problem-solving in hyperactive, normal and reading-disabled boys«, in: *Journal of Abnormal Child Psychology*, 1982. Nr. 39, 1, S. 65-99.

Taylor, E.: »Syndromes of attention deficit and overactivity«, in: Rutter, M./Taylor, E./Hersov, L. (Hg.): *Child and Adolescent Psychiatry: Modern Approaches*, 3. Aufl. Blackwell Scientific Publications, Oxford 1994a.

Ders.: »Hyperactivity as a special eductional need«, in: *Therapeutic Care and Education*, Sonderausgb. »Über ADHD«, 1994b. Nr. 4, 2, S. 130-144.

Ders.: »Treating hyperkinetic disorders in childhood«, in: *British Medical Journal*, 1995. Nr. 310, S. 1617-1618.

Taylor, E./Sandberg, S./Thorley, C./Giles, S. (Hg.): *The Epidemiology of Childhood Hyperactivity*, Oxford University Press, London 1991.

Taylor E./Dowdney, L.: »The parenting and family functioning of children with hyperactivity«, in: *Journal of Child Psychology and Psychiatry*, 1998. Nr. 39, 2, S. 161-169.

Ullman, R. K. /Sleator, E. K./Sprague, R. L.: *Attention Comprehensive Teachers ' Rating Scale ACTeRS*. MetriTech, Inc., Illinois 1991.

Van der Oord, E. J. C. G./Boomsma, D. I./Verhulst, F. C.: »A study of problem behaviours in 10- to 15-year-old biologically related and unrelated international adoptees«, in: *Behavioural Genetics*, 1994. Nr. 24, S. 193-205.

Van der Oord, E. J. C. G./Rowe, D. C.: »Continuity and change in children 's social maladjustment: A developmental behaviour genetic study«, in: *Developmental Psychology*, 1997. Nr. 33, S. 319-337.

Wechsler, D.: *Wechsler Intelligence Scale for Children – Third UK Edition*, Harcourt Brace, London 1992.

World Health Organization: *The ICD-10 Classification of Mental & Behavioural Disorders, Clinical Descriptions and Diagnostic Guidelines*. World Health Organization, Genf 1992.

Zametkin, A. J./Nordahl, T./Gross, M./King, A. C. /Semple, W. E./Rumsey, J./Hamubrger, S./Cohen, R. M.: »Cerebral glucose metabolism in adults with hyperactivity of childhood onset«, in: *New England Journal of Medicine*, 1990. Nr. 323, S. 1351-1366.

Deutschsprachig:

Aust-Claus, E., Hammer, P.-M.: *Das ADS-Buch. Neue Konzentrations-Hilfen für Zappelphilippe und Träumer*. Ratingen, ObersteBrink 1999.

Brocke, B.: *Biopsychologische Faktoren des hyperkinetischen Syndroms: eine multimodale Theorie und Forschungsstrategie*. Springer: Berlin, Heidelberg 1992.

Czerwenka, K. (Hrsg): *Das aufmerksamkeitsgestörte und hyper-*

aktive Kind. Ursachen, didaktische Konzepte, schulische Hilfen. Beltz, Weinheim und Basel 2001.

Czerwenka, K., Bolvansky, R., Kinze, W.: *Hyperaktive Kinder. Ein Elternhandbuch.* Beltz: Weinheim und Basel 1997.

Döpfner, M., Schürmann, S., Lehmkuhl, G.: *Therapieprogramm für Kinder mit hyperkinetischem und oppositionellem Problemverhalten,* THOP, Beltz, Psychologie Verlagsunion, Weinheim und Basel 1999.

Döpfner M., Schürman, S.,Lehmkuhl G.: *Wackelpeter und Trotzkopf. Hilfen bei hyperkinetischem und oppositionellem Verhalten.* Beltz, Psychologie Verlags Union, Weinheim und Basel 1999.

Eichlseder, W.: *Unkonzentriert? Hilfen für hyperaktive Kinder und ihre Eltern.* Beltz: Weinheim und Basel 1999.

Fitzner, T./Stark, W. (Hrsg.): *ADS – verstehen, akzeptieren, helfen. Das Aufmerksamkeitsdefizitsyndrom mit Hyperaktivität und ohne Hyperaktivität.* Beltz, Weinheim und Basel 2000.

Freed, J./Parsons, L.: *Zappelphilipp und Störenfrieda lernen anders. Wie Eltern ihren hyperaktiven Kindern helfen können, die Schule zu meistern.* Beltz, Weinheim und Basel 2001.

Neuhaus, C.: *Das hyperaktive Kind und seine Probleme.* Urania-Ravensburger, Berlin 1999.

Passolt, M.: *Hyperaktive Kinder: psychomotorische Therapie.* Reinhardt: München und Basel 1993.

Pentecost, D.: *Alltagsprobleme mit ADS-Kindern wirkungsvoll lösen. Das ADDapt-Programm.* Beltz, Weinheim und Basel 2002. (Erscheinungstermin: April 2002)

Saß, H., Wittchen, H.-U., Zaudig, M. (Dt. Bearb.): *Diagnostisches und Statistisches Manual Psychischer Störungen DSM IV.* Göttingen, Bern, Toronto, Seattle: Hogrefe 1998.

Schiffer, E./Schiffer, H.: *Nachdenken über Zappelphilipp. ADS: Beweg-Gründe und Hilfen.* Beltz, Weinheim und Basel 2002. (Erscheinungstermin: April 2002)

Sachregister